日本人が知らない
ネイティブがよく使う
英会話フレーズ400

ジェームス・M・バーダマン
James M. Vardaman, Jr.

中経の文庫

はじめに

　映画を見ていて、学校の授業では教わらなかった口語表現に出合ったことはありませんか？　あるいは、ネイティブスピーカーに話しかけられて、簡単な単語が使われているにもかかわらず、意味がわからなかった経験はありませんか？

　そうした表現に使われているそれぞれの単語を直訳しても、イディオムや慣用表現であることを知らなければ、意味はまったくわかりません。

　私は長年、日本で英語教育に携わってきました。そうした経験を活かし、この本には、日本人の多くの英語学習者が知らない、使用頻度の高い「生きたアメリカ英語表現」を400厳選しています。
「職場」「公共の場所」「遊び　楽しみ」「友達・家族と」「ほめる　励ます」「けなす　文句を言う」の6章に分け、場面ごと、意味ごとに表現を集めています。

　ただし、たとえば「職場」の章に入っていても、「公共の場所」や「友達・家族と」など、ほかの状況で使える表現もたくさんありますので、一つの状況にとらわれずにさまざまな場面で活用してみてください。また、それぞれの表現については、親しい友達や家族には使えても目上の人には使ってはいけないなど、どんな場面でどんな相手に使えばいいのか、さらに、微妙なニュアンスについても適宜解説しています。

　こうした表現は、意味を把握したら、あとは理屈抜きにフレーズを覚えることが習得の早道です。

　この本で紹介した400の表現を使いこなし、あなたも"英語の達人"となって日常英会話を楽しんでください。

2012年7月
ジェームス・M・バーダマン

CONTENTS
日本人が知らない ネイティブがよく使う英会話フレーズ 400

はじめに … 3

Chapter 1 Workplace
職場 … 17

1. **All systems (are) go.** 準備完了 … 18
2. **Another day, another dollar.** 今日はこの辺にしておくか
3. **ASAP.** 至急 … 19
4. **Bear with me.** ちょっと待って
5. **Big deal.** それがどうした? … 20
6. **Can do.** できます
7. **Check.** オーケー … 21
8. **Could you hold (, please)?** お待ちください
9. **Do the math.** 考えたらわかるでしょ … 22
10. **Do you follow?** わかった?
11. **Do you have a minute?** ちょっといい? … 23
12. **Do you read me?** 聞いてる?
13. **Don't mind me.** どうぞお構いなく … 24
14. **Don't rock the boat.** 波風を立てるな
15. **Don't work too hard.** 無理しないでね … 25
16. **Easy come, easy go.** 悪銭身につかず
17. **Fill in the blanks.** あとは推して知るべし … 26
18. **Fill me in.** 詳しく教えて
19. **Get back to me.** 後で報告して … 27
20. **Get the picture?** わかった?
21. **Get with the program!** ちゃんとやってよ … 28
22. **Give me a ring.** 電話して
23. **Here you are.** ①はい、どうぞ ②ここにいたのか … 29
24. **How well I know.** 百も承知だ

25	**I don't get it.** わからない	30
26	**I just work here.** 私に言われても	
27	**I won't let you down.** 期待に応えるよ	31
28	**I'll get back to you.** あらためて連絡します	
29	**I'm counting on you.** 当てにしてるよ／期待してるよ	32
30	**Is that it?** ①質問は以上ですか？ ②注文は以上ですか？	
31	**It's out of the question.** ありえない	33
32	**It's touch-and-go.** 際どい／どうなるかわからない	
33	**Just wondering.** ちょっと知りたかっただけ	34
34	**Let's call it a day.** 今日は終わりにしよう	
35	**Let's get down to business.** 仕事に取りかかろう	35
36	**Let's touch base.** 連絡を取り合おう	
37	**Money talks.** 金がものをいう	36
38	**Need I say more?** あとは言わなくてもわかるでしょう？	
39	**No big deal.** 大したことないよ	37
40	**Nothing doing!** ありえない！	
41	**Now then.** さて	38
42	**Now what?** 今度は何？	
43	**Off the hook!** 助かった！	39
44	**Quite a few.** かなりたくさん	
45	**Read between the lines.** 行間を読め	40
46	**Right away.** すぐに	
47	**So far so good.** 今のところは順調だね	41
48	**So help me God.** 神に誓って本当だ	
49	**Stop the presses!** みんな聞いて！	42
50	**Take it or leave it.** これ以上はまけられない	
51	**Tell you what.** こうしたら？	43
52	**T.G.I.F.** やっと週末だ	
53	**That (all) depends.** 時と場合によるね	44
54	**That'll teach you!** いい勉強になったね	
55	**That's beside the point.** それは関係ない	45
56	**That's the ticket.** それだよ！	
57	**There's nothing to it!** 簡単だよ！	46
58	**Time will tell.** 時間がたてばわかるよ	
59	**To make a long story short.** 手短に言うと	47
60	**Too bad.** お気の毒に	

61	**What do you know?** ①調子はどう？ ②驚いた！	48
62	**What's in it for me?** 私にどんなメリットがあるの？	
63	**What's the deal?** どうなってるの？	49
64	**What's the matter?** どうしたの？	
65	**When is the deadline?** 締め切りはいつ？	50
66	**Whenever.** いつでもいいよ	

Chapter 2　Public places
公共の場所

51

67	**After you.** お先にどうぞ	52
68	**All the best (to ～).** ①幸運を祈ってます ②～によろしく	
69	**Anything will do.** 何でもいいよ／どれでも結構です	53
70	**Behind you!** ①後ろ通ります！ ②後ろに気をつけて！	
71	**Cash or credit?** 現金かクレジット、どちらになさいますか？	54
72	**Catch you later.** またね！	
73	**Clear the way!** 道をあけてください！	55
74	**Come again?** 何ですか？	
75	**Drop by (sometime).** 立ち寄ってよ	56
76	**Easy does it.** ①慎重にね ②落ち着いて	
77	**Get a load of this!** これ見てよ！	57
78	**Good talking to you.** 話ができて楽しかった	
79	**Have a nice day.** よい一日を	58
80	**Heads up!** 危ない！	
81	**Here or to go?** こちらでお召し上がりですか？ それともお持ち帰りですか？	59
82	**Hiyadoin'?** 元気？	
83	**How goes it?** 近頃どう？	60
84	**How's that again?** 今、何て？	
85	**I couldn't be better.** 絶好調だよ	61
86	**I miss you.** 寂しいよ	
87	**I'd better be off.** もう行かなきゃ	62
88	**I've got to run.** もう行かなきゃ	
89	**If you please.** よかったらお願いできる？	63
90	**Let me see.** えっと	
91	**Long time no see.** 久しぶり	64
92	**Look out!** 危ない！	

#		
93	Look who's here! 誰かと思ったら!	65
94	Make a wish. 願い事をして	
95	Paper or plastic? 紙袋、それともビニール袋にしますか?	66
96	Run that by (me) again. もう一度説明して	
97	(The) same to you. あなたもね	67
98	Speak of the devil. 噂をすれば影	
99	Sure thing. ①もちろん ②どういたしまして	68
100	Take care. じゃあね	
101	Take it easy. ①じゃあね ②落ち着けよ	69
102	Time to hit the road. もう行かないと	
103	Wait a sec. ちょっと待って	70
104	Wait up. ちょっと待って	
105	Well, I'll be. おやおや／しまった／驚いた	71
106	What's going on? ①調子はどう? ②どうしたの?	
107	What's up? ①何があったの? ②最近どう?	72
108	Where are you headed? どこ行くの?	

Chapter 3　Leisure
遊び　楽しみ

73

109	Are we square? これで貸し借りなし?	74
110	Are you still working on that? おすみですか?	
111	Be my guest. どうぞ	75
112	Care for another? お代わりはどう?	
113	Come right in. さあお入りください	76
114	Count me in. 参加させて	
115	Count me out. 私ははずして	77
116	Do I ever! もちろん!	
117	Don't bother. お構いなく	78
118	Don't mind if I do. ぜひ	
119	Enjoy yourself! 楽しんでね!	79
120	First come, first served. 先着順です	
121	Have a ball! 楽しんできてね!	80
122	Have a good one! 楽しい時間を!	
123	Have a seat. 座って	81
124	Heads or tails? 表か裏か	

125	Help yourself. 何でも自由にどうぞ	82
126	Here you go. さあどうぞ	
127	Here's to you! （健康を祝して）乾杯!	83
128	Hold it! 待って!	
129	How about a rain check? また今度誘ってくれる?	84
130	How's the time? 時間は大丈夫?	
131	I owe you one. 恩に着るよ	85
132	I'll have to beg off. せっかくだけど遠慮しておくよ	
133	I'm game. やってみようかな	86
134	I'm good. 間に合ってます	
135	I'm lost. さっぱりわからない	87
136	I'm on board. その話に乗ります	
137	I'm up for it. いいね／興味ある	88
138	I've seen worse. そんなにひどくはないかな	
139	It never fails. いつもそう	89
140	It's a hard life. つらい生活だよ	
141	Know what? 知ってる?	90
142	Let's go Dutch. 割り勘にしよう	
143	Let's play it by ear. 臨機応変に対応しよう	91
144	Lovely weather for ducks. あいにくの雨だね	
145	Make yourself at home. どうぞおくつろぎください	92
146	Never a dull moment. 退屈する暇がない	
147	No problem. どういたしまして	93
148	Not half bad. 悪くないね	
149	Pull up a chair. お座りください	94
150	Say when. ちょうどいい分量になったら言って	
151	Sort of. まあね	95
152	Stay put. 待ってて	
153	That's a wrap. これでおしまいです	96
154	This is on me. おごるよ	
155	We're all set. 準備万端だ	97
156	What'll it be? 何になさいますか?	
157	Will this do? これで間に合う?	98
158	You made it! ①間に合ったね! ②やったね!	
159	You name it. ①欲しいものは何でも ②お任せします	99
160	You're on! 受けて立つよ／いいとも	

Chapter 4   Very close friends and family   101
友達・家族と

161 **Afraid so.** 残念ながらね   102
162 **And how!** もちろん!／ぜひ!
163 **And the rest is history.** その後のことはご存じのとおり   103
164 **Anything goes.** 何でもありだ
165 **Anything you say.** わかった／仰せのとおりに   104
166 **Are you putting me on?** マジで?
167 **Beats me.** さあね   105
168 **Can too!** できるさ!
169 **Come on.** ①頑張れ ②まさか ③急いで!   106
170 **Cut it out!** いいかげんにして!
171 **Don't go there.** そのことは考えるな   107
172 **Don't hold your breath.** あまり期待するなよ
173 **Don't tell a soul.** 内緒だよ   108
174 **Fight fire with fire.** 毒をもって毒を制す
175 **Flattery will get you nowhere.** おだてても無駄だよ   109
176 **For real?** マジで?
177 **Get over it.** 忘れたほうがいいよ   110
178 **God forbid.** とんでもない!
179 **God knows, I've tried** できるだけのことはやった   111
180 **God willing.** 事情が許せばね／そのつもりだよ
181 **Got me beat.** ①わからない ②降参   112
182 **Gotcha!** ①わかった! ②了解!
183 **Guess what!** 聞いてよ!   113
184 **Hang on (a second).** ちょっと待って
185 **How come?** どうして?   114
186 **How do you like that?** 驚いた
187 **How was your day?** 今日はどうだった?   115
188 **I don't know.** ①どうしようかな ②どうだろう
189 **I guess.** そうだと思う   116
190 **I kid you not.** ふざけてないよ
191 **I haven't a clue.** さっぱりわからない   117
192 **I know what.** いいこと思いついた

9

193	I bet. ①そうだろうね ②あやしいもんだな	118
194	I'm off. 行ってきます／失礼します	
195	I tell you. だから言ったでしょ	119
196	It just goes to show. いい教訓だね	
197	It's hit or miss. 行き当たりばったりだ	120
198	It's not supposed to. そんなはずはない	
199	It's up to you. 君次第だ／任せるよ	121
200	Just like that! ①あっという間に ②簡単に	
201	Keep this under your hat. 内緒にしといて	122
202	Keep your fingers crossed. 幸運を祈ろう	
203	Knock on wood. このまま幸運が続きますように	123
204	My lips are sealed. 誰にも言わないよ	
205	Nope. いや	124
206	Let me sleep on it. ちょっと考えさせて	
207	Mum's the word. 内緒だよ	125
208	No wonder. 無理もない	
209	Not by a long shot. 見込みはまったくない	126
210	Now you're talking! そう、それだ!	
211	Oh boy! ①やった! ②あーあ!	127
212	Oh, my gosh! なんてこった!／おやまあ!	
213	Our house is your house. くつろいでね	128
214	Piece of cake. 簡単だよ	
215	Quote...unquote. ①いわく ②いわば	129
216	Saved by the bell. ああ、助かった	
217	Search me. さあね	130
218	See if I care! 知るもんか	
219	Soup's on! 食事の支度ができたよ!	131
220	Thank heavens. よかった	
221	That figures. そうだと思った	132
222	That's that! これでおしまい	
223	Time to hit the books. 勉強する時間だ	133
224	Time to hit the sack. 寝る時間だ	
225	Tough luck! おあいにくさま!	134
226	Uh-huh. うん／ええ	
227	Unh-unh. いいや	135
228	Wanna bet? まさか	

#			
229	What gives? どうなってるの?	136
230	What's eating him? 彼、何イライラしてるの?	
231	What's new? 元気?／最近どう?	137
232	What's the catch? 何か裏でもあるの?	
233	Who knows? わからない	138
234	Whoa! ちょっと待った!	
235	Would you like a ride? 乗ってく?	139
236	Yep./Yup. いいよ	
237	You got me (there). わからない	140
238	You lost me there. 話についていけなくなった	

Chapter 5 Admiring Encouraging ほめる　励ます 141

239	As far as I know. そうだと思うよ	142
240	Back to square one. 一からやり直し	
241	Believe you me! 嘘じゃないって	143
242	Bingo! やった!	
243	By all means. もちろん	144
244	(You) can't beat that. すごい	
245	Cool it! ①やめて ②落ち着いて	145
246	Deal! 話は決まった!／賛成!	
247	Don't sweat it. 心配することないよ	146
248	Everything's going to be all right. 大丈夫だよ	
249	Fair enough. 賛成／あなたの言うとおり	147
250	Forget it. なんてことないよ	
251	Give it a shot. やってごらん	148
252	Go for it! 頑張って!	
253	Go to it. 頑張って	149
254	Good for you! やったね!	
255	Good going! やったね!	150
256	Good job! やったね!	
257	Grin and bear it. じっと耐えろ	151
258	Hang in there! 頑張れ!／あきらめるな!	
259	Have a go at it. やってみたら	152
260	I can live with that. それでいいよ	

11

#	Phrase	Meaning	Page
261	I hear you.	言いたいことはわかるよ	153
262	I'll say.	まったくだ	
263	I'm all ears.	興味津々です／ぜひ聞かせて	154
264	I'm easy.	いいよ	
265	I'm with you.	同感です	155
266	I've been there.	よくわかります	
267	Imagine that!	本当?	156
268	It never hurts to ask.	やるだけやってみたら	
269	It's a close call.	どう転ぶかわからない	157
270	It's a go.	ゴーサインが出た	
271	It's better than nothing.	しないよりまし	158
272	Keep in there.	頑張れ	
273	Keep it up!	その調子で頑張って!	159
274	Lighten up.	気楽に行こうよ／元気出して	
275	More power to you!	①よかったね! ②頑張って	160
276	No two ways about it.	議論の余地はない	
277	Now, now.	まあまあ	161
278	Practice makes perfect.	習うより慣れろ	
279	Pull yourself together.	落ち着いて	162
280	(The) same here.	同感だ	
281	Say no more.	わかってるって	163
282	Shoot.	言ってごらん	
283	Snap out of it.	元気出して	164
284	Sounds good (to me).	いいねえ	
285	Stick with it.	あきらめるな	165
286	Suit yourself.	好きにしていいよ	
287	Suits me (fine).	いいよ	166
288	Take my word for it.	信じてよ	
289	Talk about luck!	なんてツイてるんだろう!	167
290	Thank goodness!	よかった!	
291	That beats everything.	驚いた	168
292	That does the trick.	それはいい	
293	That takes the cake.	最高だ	169
294	That's hard to take.	それは受け入れがたいね	
295	That's more like it.	そっちのほうがいい	170
296	That's the stuff!	それはいいね!	

#	Phrase	意味	Page
297	That's the way it goes.	なるようにしかならないよ	171
298	There you go!	①はいどうぞ ②いいぞ!	
299	Things will work out.	なんとかなるよ	172
300	Way to go!	よくやった!	
301	Will do.	そうします	173
302	Works for me.	それで結構です	
303	You are something else.	①大したもんだ ②どうしようもないな	174
304	You can say that again.	言えてる	
305	You got it!	①そのとおり ②わかりました	175
306	You said it!	そのとおり	
307	You'd better believe it!	本当だって!	176
308	You'll get the hang of it.	そのうちコツがわかるさ	

Chapter 6 — Speaking unfavorably Complaining
けなす　文句を言う　　177

#	Phrase	意味	Page
309	All right already!	もうわかったよ!	178
310	As if!	ありえない	
311	Come off it!	①嘘言わないで ②いいかげんにして	179
312	Cut me some slack.	勘弁してよ	
313	Could be better.	いまいちだ	180
314	Count your blessings.	悪いことばかりじゃないよ	
315	Don't be too sure.	そりゃどうかな	181
316	Don't get any ideas!	変な気を起こさないで!	182
317	Don't give me that!	何言ってんだよ	
318	Don't I know it!	百も承知だよ	
319	Don't speak too soon.	早合点しないで	183
320	Don't waste your breath.	ダメなものはダメ	
321	Dream on!	何寝ぼけたこと言ってるの	184
322	Enough is enough!	もうたくさん	
323	Famous last words.	それはどうかな	185
324	For crying out loud!	何だって!	
325	For Pete's sake!	信じられない!	186
326	Get a grip.	落ち着いて	
327	Get a life!	いいかげんにして!	187
328	Get off my back!	ほっといて／邪魔しないで	

329	**Get real.**　冗談言わないで	**188**
330	**Get your act together.**　しっかりしろよ	
331	**Gimme a break!**　①からかわないで　②いいかげんにして	**189**
332	**Go figure.**　信じられない	
333	**Good grief.**　おやまあ／あきれた／やれやれ	**190**
334	**Good luck with that.**　せいぜい祈ってるよ	
335	**Good riddance!**　せいせいした	**191**
336	**Goodness gracious.**　これはこれは／おやまあ	
337	**Have it your way.**　お好きなように／勝手にしたら	**192**
338	**How could you?**　よくもそんなことができたな	
339	**I couldn't care less.**　どうでもいいよ	**193**
340	**I don't buy that.**　それはどうかな	
341	**I don't mean maybe.**　本気だよ	**194**
342	**I don't stand a chance.**　見込みはないな	
343	**I mean it!**　本気だよ	**195**
344	**I've had it!**　もうたくさん	
345	**It sounds fishy to me.**　疑わしいな	**196**
346	**It's catch as catch can.**　行き当たりばったりだね	
347	**It's Greek to me.**　わけがわからない	**197**
348	**It takes all types.**　人それぞれだ	
349	**Join the club!**　①お互いさま　②同じだね	**198**
350	**Just you wait.**　①そのうちわかるさ　②今に見てろ！	
351	**Knock it off!**　やめて！／黙れ！	**199**
352	**Leave well enough alone.**　よけいなことはするな	
353	**Let's hear it.**　聞こうじゃないか	**200**
354	**Look who's talking!**　よく言うよ！	
355	**Make up your mind.**　決めて！	**201**
356	**Mind your own business.**　よけいなお世話だ	
357	**Never mind.**　①心配いらない　②気にしないで	**202**
358	**No ifs, ands or buts.**　言い訳無用	
359	**No kidding.**　①本当？　②みんなとっくに知ってるよ	**203**
360	**No way (, Jose)!**　まさか！／すごい！	
361	**Not for my money.**　そうかな	**204**
362	**Not in a thousand years.**　ありえない	
363	**Not in my book.**　賛成できないな	**205**
364	**Not on your life!**　絶対ダメ！	

#	Phrase	Page
365	**Over my dead body!** 絶対にダメ!	206
366	**Picky, picky, picky.** 好みがうるさいな	
367	**Serves you right.** 自業自得	207
368	**Since when?** ①いつから? ②聞いてないよ	
369	**So much for that.** その辺にしておこう	208
370	**So what?** それがどうした	
371	**Sorry you asked?** 聞かないほうがよかった?	209
372	**Tell me about it!** よくわかるよ	
373	**That burns me up!** 頭に来る!	210
374	**That does it.** ①できた ②もうたくさん	
375	**That'll be the day.** ありえない	211
376	**That's iffy.** それはどうだろう	
377	**That's par for the course.** よくあることさ	212
378	**That's the last straw!** もうたくさんだ!	
379	**That's tough.** それはおあいにくさま	213
380	**They're a dime a dozen.** そんなの普通だよ	
381	**To each his own.** 人それぞれだ	214
382	**Well, I never.** まさか	
383	**Well, what do you know?** 驚いたなあ!	215
384	**What do you expect?** 当たり前でしょ	
385	**What else is new?** 何を今さら	216
386	**What for?** なんで?	
387	**What the dickens?** なんてこった!	217
388	**What's the big idea?** どういうつもり?	
389	**What's wrong with you?** どうかしてるんじゃないの	218
390	**What's wrong?** どうしたの?	
391	**Who cares?** 知ったことか	219
392	**Wishful thinking.** 希望的観測だな	
393	**You asked for it.** 自業自得だ	220
394	**You can't fight city hall.** 長い物には巻かれろ	
395	**You never know.** そうだろう	221
396	**You wish.** ありえないね	
397	**You're out of your mind!** 気は確か?	222
398	**You're playing with fire.** ヤバいって	
399	**You're telling me.** よくわかるよ	223
400	**You've got another think coming.** 考え直したほうがいいよ	

本文デザイン＝矢部あずさ
本書は「中経の文庫」のために書き下ろされたものです。

Chapter 1
Workplace

職場

Chapter 1 職場

All systems (are) go.

= All preparations are complete.
準備完了

アメリカが宇宙開発に力を入れ始めた1960年代にフロリダのケープ・カナベラル（現ケネディ宇宙センター）でテレビ局がNASA（米航空宇宙局）の通信用語を紹介し、人気を呼んだ表現。システムが正常に動作し、スケジュールどおり発射可能という意味から、「準備が整った、計画どおり」という意味として広まりました。

ex. **A: Has everyone prepared their own parts?**
《プレゼンで》みんな、自分の担当個所の用意はできてる？

B: All systems (are) go.
準備完了です。

Another day, another dollar.

= Another hard work day is over.
今日はこの辺にしておくか

生活賃金が一日1ドルだった20世紀初めに生まれた言い回しでしょう。仕事をする前に言えば「しっかり働いて稼ぐぞ」、仕事を終えた後に言えば「今日はよく働いた、それだけのお金は稼いだ」という意味になります。価値あることをやりとげた満足感と、時間に見合うのはお金だけという気持ちのどちらのニュアンスも表します。

ex. **A: Well, another day, another dollar. Let's quit for today.**
この辺にしておくか。今日はおしまいにしよう。

B: I'm with you.
賛成。

ASAP.

= As soon as possible.
至急

「できるだけ早く」を意味する"as soon as possible"の頭文字から生まれたこの表現は、世の中のスピードが早くなるにつれて普及し、求人広告、仕事のメモ、日常会話でも使われるようになりました。
　A.S.A.P. / ASAP / a.s.a.pと、ピリオドはつけてもつけなくてもOK。スペルどおりに「エイエスエイピー」と発音します。

ex. **Call Yuri ASAP. She needs info.**
《メモで》至急ユリに電話して。情報が必要みたい。

I'll send it to you ASAP.
すぐに送るね。

Bear with me.

= Be patient.
ちょっと待って

込み入った話を最後まで聞いてとか、なかなか結果が出ないことや遅れていることを待ってほしいとかいうときに使います。話が回りくどく聞こえるかもしれないがこの話には意味があるということを示すために「最後まで我慢して聞いて」という意味を表します。あなたに迷惑をかけていることは承知しています、時間を取らせていることを許してくださいねとお願いするニュアンスの表現です。

ex. **Bear with me. I'm almost finished doing it.**
ちょっと待って。もう少しで終わるから。

Chapter 1　職　場

Big deal. ⑤

= What's so impressive (about that)?
それがどうした？

"a big deal"は重要なことを意味し、"She made a big deal for her company."は「彼女、会社ですごいことをやりとげたよ」の意味。"Big deal."だけでは「そんなに大したことじゃない」、くだけた表現で「いやご立派」という皮肉にも。批判するニュアンスがあるため、第三者に対して使うことが多く、興味がないことを示す場合もあります。

ex.
A: John just got a new job!
ジョンが就職したんだってね！

B: Big deal! It's a part-time job at a convenience store.
そんなにたいそうなことかい。コンビニのバイトだろ。

Can do. ⑥

= That can be done.
できます

このスラングの起源は東南アジアで使われる混合英語。19世紀に極東の港を訪れた船員たちが使ったのが最初です。ポジティブな意味の"Can do."、ネガティブな意味の"No can do."が軍隊の中や一般人の間でも使われるようになり、普及しました。意味は「その要望に応えられます、できます」。カジュアルな表現です。

ex.
A: I need four copies of this report by tomorrow morning.
明日の朝までにこの報告書のコピー、4部必要なんだけど。

B: Can do.
わかりました。

Check. ❼

= Yes. / Okay. / I got it.
オーケー

　日本語ではリストでイエスかノーを表すのに○と×を使いますが、英語では"check mark"「チェックマーク」(✓)と×で表します。日常生活やビジネスでもよく使う表現。一人がリストを読み上げ、間違いがなければもう一人が"Check."と答えます。

ex. **A: Let's see if we have everything. Meeting room?**
　　　全部そろってるかチェックしてみよう。会議室は？
　　B: Check. オーケー。
　　A: Name cards? 名札は？　**B: Check.** オーケー。

Could you hold (, please)? ❽

= Please stay on the phone.
お待ちください

　電話の接続に関して"hold the line"「回線を切断しないで」という意味から生まれた表現。ビジネスでは、電話を取り次ぐときに使う表現です。

ex. **A: This is Tom Walters. May I speak with Ms. Jones?**
　　　トム・ウォルターズです。ジョーンズさんをお願いできますか？
　　B: Yes, Mr. Walters. Could you hold, please?
　　　ウォルターズ様ですね。そのままお待ちください。
　　A: Thank you. ありがとう。

Chapter 1　職場

Do the math.
= You can deduce the outcome.
考えたらわかるでしょ

"math"は"mathematics"「数学、計算」の略語。"You do the mathematics."は「自分で計算して」なので、この表現は「よく考えればこの状況について理にかなった結論を出せるはずだ」という意味です。"Put two and two together."も同じ意味。例文はドライブ中に時間までに目的地に着く可能性は低いというニュアンスです。

ex.　A: Do you think we'll make it by 6:00?
　　　6時までに間に合うかな？

　　　B: It's 4:00 and we still have 130 kilos to go. Do the math.
　　　今4時でしょ。あと130キロある。あとは自分で考えてよ。

Do you follow?
= Do you understand what I'm saying?
わかった？

"follow"とは誰かが話している内容の論理、筋を理解しているという意味。つまり、話し手が"Do you follow (me)?"と言えば、「私の説明はわかりますか？」「私の言っていることはわかりますか？」という意味になります。込み入った指示や目的地までの行き方を説明する途中で使う表現です。

ex.　A: Turn left at the light, go straight one block and then turn right. Do you follow?
　　　信号で左折して1ブロック歩いて右折。わかる？

　　　B: No, let me write that down.
　　　いや、メモさせて。

Do you have a minute? ⑪

= Do you have time to talk?
ちょっといい？

特にビジネスなどで「ほんの少しだけ」話し合いをする時間があるかどうかを聞く表現。用事のある相手が廊下を歩いてきたときや相手の部屋に入ろうとするときにドアをノックして聞きます。時間がなければ "Not right now. Can we talk this afternoon?"「今は無理。今日の午後は？」などと答えます。"Got a minute?" も同じ意味。

ex. **A: Rachel, do you have a minute?**
《部屋の入り口で》レイチェル、ちょっと時間ある？

B: Sure, come in.
ええ、どうぞ。

Do you read me? ⑫

= Do you understand?
聞いてる？

無線機で連絡を取り合うときの専門用語から生まれた表現で、もともとの意味は "Can you hear me?"「聞こえますか？」。日常会話では「私の意図はわかる？」「話をちゃんと聞いて」「これをやって」という強いニュアンスを表します。類似表現の "Do you copy?" は「わかった？」の意味。これには "Copy that."「了解」と答えます。

ex. **A: Jen, I need these copied right away. Do you read me?**
ジェン、これをすぐにコピーしてほしいんだけど。聞いてる？

B: Yes, ma'am, I'll do it right now.
はい、すぐやります。

Chapter 1 職 場

Don't mind me. ⑬

= Just ignore me.
どうぞお構いなく

　ミスをした人や試合で失点した人を慰める「ドンマイ」という和製英語とは関係なく、「どうぞそのまま、私にお構いなく」の意味。誰かがいる部屋に忘れた本を取りに入ったときなどに使います。いい雰囲気だったり言い合いになっている二人の邪魔をするときに皮肉っぽく使うこともありますが、公共の場所で使います。

ex. **A: Did you want something, Mary?**
　　何か用？　メアリー？

　　B: Don't mind me. I'm just picking up my briefcase.
　　どうぞお構いなく。ブリーフケースを取りに来ただけだから。

Don't rock the boat. ⑭

= Don't disturb a stable situation.
波風を立てるな

　船に乗っているときには安定したバランスを保っておかないと船が引っくり返ってしまいます。これは、バランスが取れていて満足できる状況にあるときは、変化を起こして不必要な問題を起こさないほうがいいという隠喩表現です。通常は否定形で使い、状況や考え方によって、事なかれ主義にも賢明な意見にも受け取れます。

ex. **A: It's time to make some changes in our schedules.**
　　スケジュールをいくつか変更してもいい頃じゃないかな。

　　B: The schedules are fine. Don't rock the boat.
　　スケジュールに問題はないよ。よけいな波風は立てないほうがいい。

Don't work too hard. ⑮

= Take life easy.
無理しないでね

働きすぎず、楽しむ時間を取っておくのも大切だと伝えるときに非常によく使う挨拶です。言うだけなら簡単ですが、ともかく相手に対する思いやりを伝える表現です。

ex.
A: Well, I have to go now, Kathy. Don't work too hard.
僕はそろそろ帰らないとキャシー。無理しないでね。

B: Okay, Walter. You do the same.
わかった、ウォルター。あなたもね。

A: Thanks, I'll try not to! ありがとう。無理しないようにするよ!

Easy come, easy go. ⑯

= What is easily won is easily lost.
悪銭身につかず

この金銭哲学は古代中国からイギリスの偉大な作家チョーサーまで世界中で見られる考え方です。努力せずにすぐ手に入ったものはあっという間に失われてしまうという意味。一生懸命働いても給料が家賃や光熱費や食費ですぐに消えてしまうときに皮肉で使うこともあります。

ex.
A: I heard you won the lottery!
宝くじが当たったんだってね!

B: Yes, but easy come, easy go.
そうなんだよ、でも悪銭身につかずだね。

Chapter 1　職場

Fill in the blanks. ⑰

= You can imagine the rest.
あとは推して知るべし

申し込み用紙に "fill in the blanks" とあれば「空欄にご記入ください」の意味ですが、ユーモアを込めて比喩として「これ以上は言いませんがあとは察してください」という意味でも使います。"Put two and two together." も同じような意味です。

ex.
A: Will we have a company Christmas party as usual?
　社内のクリスマスパーティー、例年どおりやるのかな？

B: We're on a tight budget this year. Fill in the blanks.
　今年はぎりぎりの予算でやってるから。あとは推して知るべしだ。

Fill me in. ⑱

= Tell me the details.
詳しく教えて

「詳細や新しい情報を教えて」という意味の表現です。たとえば、共通の知人が仕事を辞めるという話を伝えてくれた相手に、"Does he have a new job? Fill me in." 「彼、新しい仕事は決まってるの？　その話、詳しく教えてよ」などのように使います。

ex.
Fill me in on what happened at the meeting.
　ミーティングの内容を詳しく教えてよ。

Fill the group in on the details of our client's proposal.
　クライアントの提案の詳細をグループに詳しく教えてよ。

Get back to me.

= Report to me on this later.
後で報告して

会話が途中になってしまったときに使う表現で、ビジネスの場面でおもに使われます。「戻る」というイディオムの"get back"とは関係ありません。「連絡して、詳しい情報を教えて」という意味の"get back to 人"というイディオムです。

ex. A: **Get back to me on this as soon as possible / when you decide.**
できるだけ早く/決まったら教えて。

B: **I'll get back to you as soon as I find out / tomorrow.**
わかり次第/明日教えるよ。

Get the picture?

= Do you understand the situation?
わかった？

職場や友人同士の間でよく使われる表現です。この場合の"picture"とは「全体の状況」の意味。略さずに言えば"Do you get the picture?"となります。「私が言ったことで状況は把握できましたか？」という意味です。例文は、Bが規則に従わなければ困った状況になるかもしれないというニュアンスの表現です。

ex. A: **Those are the rules. Get the picture?**
これは規則で決まってるんだよ。わかった？

B: **I get it.**
わかったよ。

Chapter 1 職場

Get with the program! ㉑

= Start participating!
ちゃんとやってよ

既に決まっている決定事項や規則に従うことや、参加を求められている職場やグループの活動などで使われる表現です。職場で一人だけさぼっていたり、組織の中で怠けていたりしながら「いいところ取り」をしようとしても歓迎されません。

ex. **A: Get with the program, Jim. We need everyone to help out.**
ジム、ちゃんとやってよ。みんなで助け合わないと。

B: Okay, okay. I get the message.
オーケーオーケー。わかったよ。

Give me a ring. ㉒

= Call me later.
電話して

この場合の"ring"はかかってくる電話の音を表しています。意味は、"Give me a telephone call." 「電話して」。

最近では若者の間で"Text me."という表現もよく使われます。これは"Send me a text message." 「メールして」の意味。電話で話すよりメールのほうが便利だと思うからなのでしょう。

ex. **When you come to Kobe, give me a ring.**
神戸に来たら電話して。

If you have further news, give me a ring.
詳しいことがわかったら電話して。

Here you are.

= **❶ Here you go. ❷ I found you.**
❶ はい、どうぞ　❷ ここにいたのか

①は何かを手渡すときによく使います。"There you are." "Here you go." "There you go."も同じ意味。日本語では「どうぞ」と言いますが"Please."とは言わないことに注意してください。②は待っていた相手やずっと探していた相手にようやく会えたときに使います。

ex. A: Do you have a map? 地図はある？

B: Here you are. はい、どうぞ。

Here you are! I've been trying to find you everywhere!
ここにいたのか！　あちこち探しまわったよ！

How well I know.

= **I know that very well. / I am fully aware of that.**
百も承知だ

語順に戸惑うかもしれませんが、これは「そのことなら百も承知している」という不満を表すニュアンスを持つ表現で、相手が言ったことがどういうことかよく知っているという意味です。

ex. A: Jim gets irritated when other people are late.
ジムは誰かが遅刻すると怒るよね。

B: How well I know. He gripes when I'm even a few minutes late for a meeting.
そのことならよく知ってるよ。会議に数分遅れただけでブツブツ言うよね。

Chapter 1 職場

I don't get it. ㉕

= I don't understand.
わからない

　この場合の"get"は"understand"「理解する」、"grasp (meaning)"「意味を把握する」の意味。動機や状況がわからないというときや、ジョークやおかしな話のオチやニュアンス、ほのめかしがわからないときにも使います。

ex. **His job paid well. Why did he quit his job? I don't get it.**
給料もよかったのに。あいつ、なんで仕事を辞めたんだろう。わからないな。

I just work here. ㉖

= I don't make the decisions.
私に言われても

　職場で従業員が何かに不満をもらしている状況から生まれた表現。言われた側が「決定を下すのは経営陣で自分はその立場にない」と答え、文句は責任者に直接言うべきだと伝えるニュアンスがあります。自分には規則を変えることができないと率直に認めている表現です。

ex. **A: Why doesn't city hall have late hours for people who can only come after 5:30?**
市役所は5時半以降にしか来られない利用者のためにどうして遅くまでやらないんだろう。

B: I just work here. 私に言われても。

I won't let you down. ㉗

= I won't disappoint you.
期待に応えるよ

"let 人 down"は、「(約束を果たさなかったり期待に応えなかったりして)〜を失望させる」という意味。
「あなたをがっかりさせるようなことはしません」と、何かをきちんとやりとげることを約束するときに使う表現です。"let-down"は「失望」という意味の名詞。

ex. A: I'm counting on you to finish this by Friday.
　　金曜日までには仕上げてくれるよう当てにしてるからね。

B: I won't let you down.
　　期待に応えるよ。

I'll get back to you. ㉘

= I will contact you later.
あらためて連絡します

ビジネスの場面で使う場合は、今は正確な情報がわからないので追ってお知らせします、という意味の表現です。カジュアルな会話では、友達に誘われた際、スケジュール帳を持っていないので後で行けるかどうか返事をすると約束するときなどに使います。

ex. A: Would you like to have lunch together on Friday?
　　金曜日に一緒に昼食を取りませんか?

B: Let me check my schedule. I'll get back to you.
　　予定表をチェックしてみます。あらためて連絡します。

Chapter 1 職場

I'm counting on you. ㉙

= I'm relying on you.
当てにしてるよ／期待してるよ

"count on 人"は「その人の助けを当てにしている」という意味、"count on 物"は「そのことが起きるのを期待している」という意味になります。

ex.
A: I'll make all of the arrangements, Mr. Suzuki.
鈴木さん、調整はすべて私がやっておきますから。

B: I'm counting on you. 当てにしてるよ。

A: I hope you can join us at the picnic. ピクニックに来ない？

B: Of course! I'm counting on it. いいよ！ 楽しみにしてるね。

Is that it? ㉚

= ❶Is that everything? ❷Is there anything else?
❶質問は以上ですか？　❷注文は以上ですか？

①の意味ではミーティングの最後に「ほかにつけ加えることはないか？」と聞くときに使います。わからないことがあれば確認する最後のチャンスですと相手に伝える表現です。②の意味では、ウエイターがほかに注文したいものはないかとお客に尋ねる際に使います。

ex.
A: Is that it? 質問は以上ですか？

B: I believe so. そうだと思います。

A hamburger, French fries, and coffee. Is that it?
ハンバーガーにポテトフライにコーヒー。以上ですか？

It's out of the question.

= It's not possible. / It's not permitted.
ありえない

要求されたことに対して「それはできない、問題外だ」と答えるときの表現です。怒って答えているわけではなく、事実を淡々と述べてきっぱりと断っているニュアンスがあります。

ex. **A: Can I have an extra week of vacation?**
もう1週間休暇を取ってもいいですか？

B: It's out of the question. No one can take more than two weeks each year.
それは無理だね。年に2週間以上の休暇は認められていないんだから。

It's touch-and-go.

= The result is in doubt.
際どい／どうなるかわからない

2台の馬車がぶつかりそうになるくらい、または船が岩にぶつかりそうになるくらいの危ない状況から生まれた表現だと言われています。「結果が不確かな危険な状況」「危機一髪」を意味する表現です。深刻な緊急疾患について "It was touch and go there for a while during the operation." といえば、「手術が成功するかどうかは五分五分だった」という意味になります。

ex. **Whether we can finish the job on time is touch and go.**
仕事を間に合わせることができるかどうかは際どいところだな。

Chapter 1 　職　場

Just wondering.

= I was simply curious.
ちょっと知りたかっただけ

省略しなければ "I was just wondering."。特に理由はないけど興味や好奇心で知りたいと思ったことについて使います。

ex.
A: Where did you buy that beautiful scarf?
そのきれいなスカーフ、どこで買ったの？

B: I got it in Venice. Why?
ヴェニスで。どうして？

A: Just wondering. I've never seen that design before.
知りたかっただけ。そんなデザイン見たことなかったから。

Let's call it a day.

= Let's stop work now.
今日は終わりにしよう

「今日は一生懸命働いて疲れたし、ここで切り上げよう」という意味の表現です。終了時刻になっていなくても、「続きは明日やればいい」「今日はたくさんやりとげた」ことを表します。食事や飲みに行った後に "Let's call it a night." と言えば、「もう遅いから今日はお開きにしよう」という意味になります。

ex.
We've done plenty for today. Let's call it a day.
今日はよく働いた。この辺でおしまいにしよう。

Let's get down to business. ㉟

= It is time to begin working.
仕事に取りかかろう

グループで集まっていると、本題と関係ない雑談に夢中になってしまうことはよくあります。そんなときにリーダーや上司などが「おしゃべりはこの辺にして、仕事に取りかかろう」と呼びかけるときに使う表現です。

ex. **Okay, everyone. Let's get down to business.**
さあ、みんな。仕事に取りかかろう。

Let's dispense with the formalities and get down to business.
形式的なことは省いて本題に入ろう。

Let's touch base. ㊱

= Let's maintain contact.
連絡を取り合おう

野球ではホームランを打ってもランナーはベースにタッチして一周しなければアウトになります。そのことから、"touch all bases"とは「徹底する」ことを意味します。"touch base with 人"は、今後のことについて話し合ったり、最新情報を交換することを表します。

ex. **Let's touch base before we make our decision.**
決定を下す前に話をしよう。

Let's touch base with him on this matter.
この件について彼に連絡を取ってみよう。

Chapter 1　職場

Money talks.

= Money has influence.
金がものをいう

　誰かに何かをさせるときにお金が説得力を持つことは少なくありません。この表現が使われ始めたのは17世紀のイタリア。アメリカでは1900年代初頭に使われ始め、富が力を持つことを表す格言として普及しました。

ex. **A: Do you think you can convince Tracy to do the job?**
トレーシーにこの仕事をやってもらうよう説得できると思う？

B: Money talks. I'm sure she'll agree to do it.
金がものをいうよ。彼女は絶対にやると思う。

Need I say more?

= Is additional comment necessary?
あとは言わなくてもわかるでしょう？

　「これ以上説明する必要がある？」の意味。「状況を十分に説明したからあとは言わなくてもわかるでしょう？」というニュアンスがあります。また、親が子どもに何かを命じるときなど、相手に強いプレッシャーをかけるニュアンスを持つ場合もあります。

ex. **A: We have a rush job. Need I say more?**
急ぎの仕事があるんだけど。あとは言わなくてもわかるでしょう？

B: No. I can work late tonight.
わかったよ。今夜は残業できる。

No big deal. ㊴

= It's not a problem (for me).
大したことないよ

"Big deal!" は大して興味がないことに対して皮肉っぽく使いますが、"No big deal." は「大した問題ではない」「心配する必要はない」「お礼なんていいですよ」というポジティブな意味で使います。"No problem." とも同じ意味です。

ex. **A: Thank you for giving me a ride home.**
うちまで乗せてくれてありがとう。

B: No big deal. I was going this way anyway.
大したことないよ。どうせ帰り道だったんだから。

Nothing doing! ㊵

= Absolutely not!
ありえない！

友達や家族を相手に、絶対に受け入れがたい要求を断固として断るときのとてもカジュアルな表現です。強い感情表現なので、目上の人に対して、あるいは職場などでは決して使わない表現です。

ex. **A: Kaoru, could you lend me ¥50,000?**
かおる、5万円貸してくれる？

B: Nothing doing! You still haven't paid back the ¥25,000 I loaned you last month.
ありえない！ 先月貸した2万5千円もまだ返してもらってないのに。

Chapter 1　職場

Now then.

= Let's get down to business.
さて

　交渉の席や日常会話において新しい話題を切り出すときに注意を促す表現です。前者では、なごやかな雰囲気を作り出すために心のこもった社交儀礼を交わした後で本題に入るときなどに使います。

ex. **Now then, let's discuss the progress of the project.**
　　さて、計画の進み具合について話し合おう。

　　Now then, I've told you about my background. I'd like to hear about yours.
　　さて、自分のことについてはお話ししましたので、今度はあなたのことを聞かせてください。

Now what?

= What is the new problem?
今度は何？

　話し手が直面している状況や、これから起こる状況、問題などについて、さらに厄介なことが起きて対処を迫られそうだというときに使う表現です。同僚や友達など、対等の立場には使いますが、上司など目上の人に直接使うことはありません。

ex. **A: John, the boss wants to see you.**
　　ジョン、ボスが会いたがってるわよ。

　　B: Now what? I hope it's not more work on a short deadline.
　　今度は何？　短い納期で仕事を増やされなければいいな。

Off the hook!

= I'm freed of responsibility!
助かった！

魚が"on the hook"「針にかかって」釣れたら漁師としてはうれしいですが、ぐいぐい引っぱって"off the hook"「針からはずれた」ら、魚は網から逃げ出します。ここから"off the hook"は「仕事や責任から逃れる、助かった」という意味で使うようになりました。

ex. **A: Sara says she'll do the job for us.**
　　サラがあの仕事を代わりにやってくれるって。

　　B: Off the hook!
　　助かった！

Quite a few.

= A large number.
かなりたくさん

"few"というと「少しの数」をイメージするかもしれませんが、"quite a few"というと「たくさんの人や物」を意味します。
①"lots of 〜"と②"huge numbers of 〜"と③"quite a few"の違いは期待度。①と②は単なる「多さ」を表しているだけですが、③には「期待していた以上に多い」というニュアンスがあります。

ex. **A: How many people came to watch the game?**
　　その試合にはどのくらいのお客が来たの？

　　B: Quite a few.
　　かなりたくさん。

Chapter 1　職　場

Read between the lines.

= Pay attention to what is implied.
行間を読め

昔の暗号文は文字に秘密のメッセージを仕込んだり、行間に見えないインクでメッセージを書き込んだりして作っていました。そこから、文書に隠された事実や意図を読み取る意味で使われるようになり、今では文書以外に話し言葉や行動にも使われます。

ex. A: Jack sounded upbeat in his email, don't you think?
ジャックはメールでご機嫌だったと思わない？

B: Read between the lines. He was just trying to sound cheerful.
行間を読めよ。元気があるふりをしてただけさ。

Right away.

= Immediately.
すぐに

職場などで何かを頼まれたときの返事としては、「ただちに取りかかります」の意味。レストランで"Could I have another glass of wine, please?"「ワインをお代わりできますか？」と頼んでウエイターが"Right away, ma'am."と言えば「すぐお持ちします」の意味です。

ex. A: How soon can you send our order?
注文した品物はどのくらいで送れますか？

B: Right way, Mr. Jones. We will send it by priority shipping.
ジョーンズ様、すぐに送ります。優先して発送しますから。

40

So far so good. 47

= Everything is fine up to this point.
今のところは順調だね

4年間の大学生活や就職してからの最初の数ヵ月、新婚生活が始まった頃などに誰かに "How's it going?"「調子はどう？」と聞かれ、比較的物事が順調にいっている場合はこのように答えます。「この後で何が起きるかは予測できないけれども、これまでの時点ではうまくいっている」ということを意味します。

ex. **A: How's your new job going?**
今度の仕事はどう？
B: So far, so good.
今のところは順調だね。

So help me God. 48

= I am telling the truth.
神に誓って本当だ

アメリカの法廷ドラマにはよく、証人が聖書に右手を置き、左手を上げ、執行官に "Do you solemnly swear to tell the truth, the whole truth and nothing but the truth, so help you God?"「神に誓って真実のみを証言すると誓いますか？」と聞かれ、"I do."「誓います」と宣誓する場面が出てきます。今回の表現は、この宣誓の終わりに「真実を話すと誓います」の意味で使うこともあります。

ex. **I didn't steal the car. So help me God!**
車なんて盗んでないって。神に誓って本当だ！

Chapter 1　職場

Stop the presses!

= Stop what you're doing.
みんな聞いて！

「ビッグニュースがあるから今やっていることをやめて話を聞いて」というときに使います。新聞の輪転機が回っているときに大きなニュースが飛び込み、編集者や記者が最新の記事を組み込もうとした状況から生まれた表現です。"Stop the music!" とも言います。

ex.
A: Stop the presses! I've got news about Diana!
みんな聞いて！　ダイアナについてニュースだ！

B: What is it? Hurry, tell us!
どんな？　早く聞かせて！

Take it or leave it.

= Accept it or forget the whole deal.
これ以上はまけられない

販売員が最善の見積もりを受け入れないお客に昔からよく言う表現。「これが最善の見積もりでこれ以上は交渉できません。申し出を受け入れなければ取り引きはできません」というニュアンスです。

ex.
I'll let you have it for ¥15,000. Take it or leave it.
1万5000円で譲るよ。これ以上はまけられない。

A: Have you got anything to drink?
何か飲むものある？

B: All I have is cola. Take it or leave it.
コーラだけ。それ以外はないよ。

Tell you what. 51

= Here's a suggestion.
こうしたら？

提案や申し出をするときに使う表現です。

ex. **A: What is the best way for the two of us to do this job?**
   私たちでこの仕事を片づけるのに一番いいやり方は何だと思う？

B: Tell you what—you do the first half and I'll do the second half.
   こうしたらどうかな。あなたが前半を、私が後半をやるの。

A: That sounds good to me.
   それはいいね。

T.G.I.F. 52

= I'm happy this week is almost over.
やっと週末だ

T.G.I.F.は "Thank God It's Friday."「神様ありがとう、金曜日だ」の頭文字です。1文字ずつ発音します。仕事仲間の間で「やれやれ、今週もなんとか乗り切った」とか、「今週も終わりだ、やった！」と、明日が休みであることを喜ぶ気持ちを表すのに使います。

ex. **A: This has been a rough week.**
   今週はきつかったな。

B: It sure has. T.G.I.F.
   そうだね。でもやっと週末だ。

Chapter 1 職場

That (all) depends. 53

= A lot of factors are involved.
時と場合によるね

省略せずに言えば、"That all depends on various factors." 「いろいろな要素次第です」という意味。確かな状況がわかるまで、あるいは説明されるまではイエスともノーとも言えないという場合に使います。

ex.
A: Are you interested in a part-time job teaching children?
子どもに勉強を教えるアルバイトに興味ある？

B: That all depends.
時と場合によるね。

That'll teach you! 54

= Maybe now you have learned.
いい勉強になったね

誰かが自分のしたことで叱られたり、罰を受けたりしたときに、その人の愚かさや、注意や配慮が足りなかったことを強調するために使います。

ex.
A: She got so mad when I asked her how old she was!
彼女に年齢を聞いたら、ものすごく怒られたよ！

B: That'll teach you! Never ask a woman about her age.
いい勉強になったね！ 女性に年を聞いちゃダメだよ。

That's beside the point.

= That is unrelated.
それは関係ない

今議論している話の要点とずれていることについて使う表現です。例文について言えば、大学教育は作家としての知識やスキルに役立つかもしれないけれども名文を書くのには特に必要ではないという意味。

ex. A: She never graduated from university.
彼女は大学を出てないよ。

B: That's beside the point. What matters is that she writes extremely well.
それは関係ないよ。重要なのは彼女の文章がうまいことなんだから。

That's the ticket!

= That is exactly what is needed!
それだよ!

誰かが言ったことを強く支持するときの口語表現。"Perfect!"「文句なし!」と、最も的を射た行動、最善の解決策だという意味で使います。

ex. A: Why don't you get Alice to help?
どうしてアリスに手伝わせないの?

B: That's the ticket! Why didn't I think of that before?
それだよ! どうしてもっと早く思いつかなかったんだろう。

Chapter 1 職場

There's nothing to it! 57

= It's very easy!
簡単だよ！

誰にでもできる簡単なことを説明する際に使います。インスタントヌードルを作るときには "Pull back the lid, pour in hot water, cover for three minutes and eat. There's nothing to it!"「ふたを開けてお湯を注いで3分間ふたをして食べる。簡単なことだよ！」。

ex. **A: How do you connect an external hard disk?**
外付けハードディスクはどうやって接続すればいいの？

B: Nothing to it! Just plug this cord into your laptop.
簡単だよ！ このコードをラップトップにつなぐだけだから。

Time will tell. 58

= We will have to wait to find out.
時間がたてばわかるよ

ほかに、"Only time will tell."「時間がたてば自ずと答えはわかる」という言い方もします。

正しいか間違っているか、よいか悪いか、本物か偽物かは、時間がたてばいつかわかる、今現在はわからない、という意味です。

ex. **A: Do you think I will become a good teacher?**
私、いい先生になれるかな？

B: Louise, time will tell.
ルイーズ、時間がたてばわかるよ。

To make a long story short.

= To get to the point.
手短に言うと

詳細を省いて、簡潔に結論を説明するときに使う表現です。たいていの人は、長くて込み入った話よりも短い話を好みますから、覚えておくと便利な表現です。

ex. **A: Did you find the kind of coat you wanted?**
欲しがってたようなコート、見つかった？

B: To make a long story short, no. I saw lots of good ones, but not one that was just right.
手短に言うとノーだね。いいのはたくさんあったけど、これというのがなかった。

Too bad.

= That's unfortunate.
お気の毒に

友達や家族の間でよくないことが起きたときにカジュアルに「残念だね」、もう少し礼儀正しく「お気の毒に」という意味で使ったり、ときには皮肉っぽく使ったりすることもあります。

ex. **A: Mr. Barron, I'm afraid I've caught cold, so I won't be able to work today.**
《電話で》バロンさん、風邪をひいたようなので今日は仕事に行けません。

B: That's too bad. I certainly hope you feel better soon.
それはいけませんね。すぐよくなるといいですね。

Chapter 1　職場

What do you know? 61

= ❶ What's going on?　❷ This is a surprise!
❶ 調子はどう？　❷ 驚いた！

①は誰かに出会ったときに、"How are things going? Is there anything new happening with you?"「元気？　変わったことはあった？」と会話を切り出すときの挨拶です。②は驚いたときの表現。まったく驚いていないときに皮肉っぽく使うこともあります。

ex. A: **Kathy, long time no see!**　キャシー、久しぶり！

B: **Hi, Tania! What do you know?**　タニア、調子はどう？

What do you know? The coffee shop on the corner suddenly closed.　驚いた。角の喫茶店、いきなり閉店してる。

What's in it for me? 62

= How does it benefit me?
私にどんなメリットがあるの？

少し身勝手なこの表現は、何かの仕事を始めようとしている相手が自分の案の素晴らしさを説明した後に使います。相手はあなたの時間と労力を求めているわけですが、自分が参加することにどんなメリットがあるかを聞かせてほしいときに尋ねる表現です。

ex. A: **Don't you think my idea is great?**
私のアイデア、すごくいいと思わない？

B: **That all depends. What's in it for me?**
ケースバイケースかな。私にどんなメリットがあるの？

What's the deal?

= What is the situation?/What's going on?
どうなってるの？

現在の状況を懸念する表現で、ビジネスの場面では先方との交渉を受け入れられる状況にあるかどうかを事前に仲間内で尋ねたり、一般的に思いがけないことが起きたときに使います。

ex. **A: The products seem attractive. What's the deal?**
彼らの商品はよさそうに思えるけど、どういう状況？

B: They will give us a 20% discount if we order 1,000 of each.
それぞれにつき1000円支払えば20%割引するそうです。

I didn't expect this. What's the deal?
まさかこんなことが。どうなってるの？

What's the matter?

= What is the problem?
どうしたの？

心配、緊張、失望している様子の人に心配して声をかける表現です。"What's the matter with you?" とは区別してください。これは相手の態度を非難する表現で、「どうしたっていうんだ」の意味になります。

ex. **A: What's the matter, Ted? You look like you saw a ghost.**
テッド、どうしたの？ 顔が青いけど。

B: I just heard news that a good friend had an accident.
親友が事故にあったらしいんだ。

Chapter 1 職場

When is the deadline? ⑥⑤

= When is this due?
締め切りはいつ？

　一説によれば、南北戦争では捕虜が収容所のフェンスから5メートル以内に近づけば自動的に射殺されたことから、この線を"the deadline"「越えてはならない線、死線」と呼ぶようになったそうです。そこから、新聞記者や編集者などが「締め切り」という意味でこの言葉を使うようになりました。職場では仕事を終えなければならない「期限」という意味で使われます。

ex. A: When is the deadline? 締め切りはいつ？

B: It's due by noon on Friday. 金曜日の正午までだよ。

Whenever. ⑥⑥

= Any time is okay.
いつでもいいよ

　誰かの誘いに対して、「いつでもいい、あなたに合わせます」と礼儀正しく答える表現です。"Whatever."は「どうでもいい」という意味でアメリカの十代の子どもたちがよく使い、大人が使うとなげやりで失礼な表現なので、しっかり区別してください。

ex. A: When would you like to meet at the restaurant on Saturday?
土曜日のあのレストランでの待ち合わせ、何時にする？

B: Whenever. I'm free any time.
何時でもいいよ。いつでも暇だから。

Chapter 2
Public places
公共の場所

Chapter 2　公共の場所

After you.

= Please go ahead of me.
お先にどうぞ

　レディーファーストの時代は終わったのかもしれませんが、ほかの人を優先するマナーは試してみる価値があります。ドアから入るときやカウンターで注文しているときに相手に譲ってあげる場合にこの表現を使います。日本語では「お先にどうぞ」と言いますが、英語では"Please." と言っただけでは伝わりません。譲る側が"Please go ahead. I'm in no hurry." 「お先にどうぞ。急いではいませんので」と言うといいでしょう。

ex. A: **After you.** お先にどうぞ。
　　　B: **Thank you (very much).** ありがとうございます。

All the best (to ～).

= My best wishes (to someone).
❶幸運を祈ってます　❷～によろしく

　①は会話の締めくくりに相手を気遣う挨拶です。②のように誰かの友達、家族に対して「～によろしく」という意味でも使えます。英語の場合、②の意味では共通の知り合いに対してしか使いません。

ex. A: **It was wonderful to talk with you, Kerry.**
　　　話ができてすごくよかった、ケリー。
　　　B: **Same here, Maria. All the best to you.**
　　　こちらこそ、マリア。幸運を祈ってます。
　　　All the best to Kate and Stan. ケイトとスタンによろしく。

Anything will do. ⑥⑨

= Whatever is available is fine with me.
何でもいいよ／どれでも結構です

投げやりな気分のとき、どれを選んでもそれほど差がないというときに使うと非常に便利な表現です。"What do you want for lunch?「お昼は何が食べたい？」"と聞かれてこう答えれば、あなたにお任せしますという意味になります。

ex. A: What kind of work are you looking for?
どんな仕事を探しているんですか？

B: Anything will do. I need to earn a living one way or another.
何でもいいんです。どうにかして生計を立てる必要がありまして。

Behind you! ⑦⑩

= Watch out behind you!
❶後ろ通ります！　❷後ろに気をつけて！

混んでいる道を通っているときなど、前方のものに気を取られている人を追い抜こうとしても気づかれないことがあります。そんなときにこの表現を使えば、①の意味になり、注意を促すことができます。また、「危ない、車が来ますよ！」と②の意味でも使えます。

ex. A: Behind you! 後ろ通ります！

B: Sorry, I didn't know I was in your way.
《片側に寄って道を譲りながら》ごめんなさい、邪魔して。

A: Thanks. ありがとう。

Cash or credit?

(71)

= How would you like to pay?
現金かクレジット、どちらになさいますか？

レストランやデパートなどのレジで店員が聞くセリフです。省略せずに言えば、“Will that be cash or credit card?”「そちらのお支払いは現金かクレジットカード、どちらになさいますか？」。

ex.
A: Is that all for you today? お買い物はすべておすみですか？

B: Yes. はい。

A: Cash or credit? 現金かクレジット、どちらになさいますか？

A: I'll use my credit card. / I'd like to charge it please.
クレジットカードでお願いします。／現金でお願いします。

Catch you later.

(72)

= See you later.
またね！

この“catch”は「つかむ」ではなく、「関わる、連絡する」の意味。家や仕事先を訪ねたり、電話をしたりするときにも使います。今では「またね」という意味でも使います。これは再会を約束するほどの意味はなく、会えたら会いましょうという軽い挨拶です。

ex.
A: I have to go. Catch you later. 行かなきゃ。またね。

B: Okay. See you. わかった。じゃあね。

Clear the way! 73

= Please step to one side!
道をあけてください！

"Behind you!" が後ろから来るものに注意を促すのに対して、これは四方から来る人やものに対して使います。要人が通るときやピアノや車などの大きなものが通るときに警察やSP、護衛などが「道をあけてください」という意味で使います。例文はニューヨークの5番街をイメージしてください。

ex. A: Clear the way, please!
    道をあけてください！

B: Hey! Here comes Mayor Bloomberg!
    おい、ブルームバーグ市長だ！

Come again? 74

= What did you say?
何ですか？

「よく聞き取れなかった、理解できなかった」というときに聞き返す表現です。驚いた、信じられないというニュアンスもあります。こう言われたら、相手が理解できるように違う言い回しを使うか、きちんとした文章で言い直すといいでしょう。

ex. A: Where are you from? ご出身は？

B: Come again? 何ですか？

A: I was asking where you come from.
    どちらのご出身ですかと聞いたんです。

Chapter 2　公共の場所

Drop by (sometime). 〔75〕

= Come see me.
立ち寄ってよ

　仕事先や誰かの家を訪ねる前にはあらかじめ連絡するのが常識と思われていますが、親しい間柄では思いつきで"drop by"「立ち寄る」こともあれば、"Drop by."「立ち寄って」と誰かを誘うこともあります。「電話などかけずにいつでも訪ねてきて」という誘い文句です。

ex. **Whenever you are in my neighborhood, drop by.**
近所に来たらいつでも寄ってね。

Drop by sometime. We can have lunch together.
そのうちに寄ってよ。お昼を一緒に食べよう。

Easy does it. 〔76〕

= ❶Move carefully.　❷Calm down.
❶慎重にね　❷落ち着いて

　①は大きな家具を運んでいる相手に注意を促す表現です。②は興奮したりイライラしたりしている相手をなだめるときに使います。

ex. **A: Watch out. This door is really narrow.**
気をつけて。ドアが狭いから。

B: Okay. Easy does it. わかった。慎重にやろう。

A: I am so mad at my boss! 上司にムカつく！

B: Easy does it, Frank. Don't get all worked up.
落ち着けよ、フランク。辛抱しろって。

Get a load of this! ㉗

= Look at this!
これ見てよ!

軽蔑に値したり、驚くような事件や人への注目を友達や家族に促すときの俗語表現です。新聞のニュースなどにも使えます。

ex. **Get a load of this! The paper says the company hid ¥15 billion in losses! Can you believe that?**
これ見てよ!　新聞によれば、この会社、150億円の損失を隠してたんだって。信じられる?

A: Get a load of that guy wearing the pink suit!
あのピンクのスーツを着た奴を見ろよ!

B: That's really a spectacle. なかなかの見ものだな。

Good talking to you. ㉘

= I enjoyed this chance to talk.
話ができて楽しかった

"(It was) good talking to you."は対面で会っているときや電話の最後に別れの言葉とともによく使う言葉で、「相手と話ができて楽しかった」という意味です。よい印象を与えながら会話を切り上げるのに便利な表現です。

ex. **A: I've got to run, John. Good talking to you!**
そろそろ行かなきゃ、ジョン。話ができて楽しかったよ!

B: Same here. Hope to see you again soon. Take care.
こちらこそ。また会えるといいね。じゃ。

Chapter 2　公共の場所

Have a nice day.

> = Good-bye now.
> よい一日を

　命令しているように思えるかもしれませんが心のこもった別れの挨拶です。省略せずに言えば、"I hope that you have a nice day." 「あなたがよい一日を過ごすことを願っています」。心にもない、あたりさわりのない挨拶だと思う人もいますが、「さよなら」を伝えるのには一番いい表現です。ちなみに "Good-bye." は "God be with you." 「神があなたとともにいますように」から来ています。

ex.
A: Have a nice day.　よい一日を。
B: Thanks, same to you.　ありがとう。あなたもね。

Heads up!

> = Watch out!　= Be alert!
> 危ない！

　机に向かって何かに集中していると前傾姿勢になります。"Heads up!" は直訳すると「頭を上げて」という意味ですが、そこから「気をつけて！　危ない！」という意味を表します。"I want to give you a heads-up about the event next week." と名詞で使うと、「来週のイベントに注意を向けてください」という意味になります。

ex.
A: Heads up!
　危ない！
B: Thanks. I didn't see that hole in the concrete.
　ありがとう。コンクリートに穴があいてるのに気づかなかった。

Here or to go?

= Will you eat here or take it out?
こちらでお召し上がりですか？ それともお持ち帰りですか？

ファストフード店は接客のマニュアル化に努めています。"Here"は店内、"to go"は"take out"「テイクアウト、持ち帰り」の意味です。

ex. **A: Here or to go?**
　　こちらでお召し上がりですか？ それともお持ち帰りですか？
　B: For here. / I'll eat here. ここで食べます。
　B: To go. / Take out. 持ち帰りで。

Hiyadoin'?

= How are you?
元気？

口語の"Hiyadoin'?"は"How (are) you doing?"を縮めた言い方です。"How are you?" "How are you doing?"の意味でアメリカ英語ではよく使われます。相手の健康、仕事、普段の生活などを気遣う表現。
返事は"Fine, thanks. / Not bad. And you?"「元気だよ、ありがとう／悪くないよ。あなたは？」。親しい仲なら別ですが、この質問に対して体調、睡眠不足であることなどを詳しく答える必要はありません。

ex. **A: Hey, Jim. Hiyadoin'?** ジム、元気。
　B: Pretty good. How about yourself?
　　すごい元気だよ。君は？

Chapter 2　公共の場所

How goes it?

= How are things going?
近頃どう？

単に"How are you?"「元気？」と聞いているのではなく、相手の進捗状況や仕事、気分、人間関係などを尋ねる表現です。"How're things with you?" "How's everything?"も同じような意味です。以下の例文ではBは自分の状況がいいとは言えないけれども悪くもないので"Okay."と答えて相手に負担をかけまいとしているニュアンスがあります。

ex.
A: Hey, Wally. How goes it?　やあウォリー、近頃どう？
B: Okay, I guess. How are things with you?
問題ないと思うよ。君は？

How's that again?

= What was that?
今、何て？

相手の言葉が聞き取れなかったり理解できなかったりしたときに聞き返す表現です。言われたほうは詳しく言い直すといいでしょう。

ex.
A: I'm going to lunch. Want to come?
昼食に行くけど一緒に行く？
B: How's that again?
今、何て？
A: I said, I'm going to go out to eat lunch now. Would you like to come with me?
これから昼食に行くけど一緒に行きませんかって言ったの。

I couldn't be better. ⑧⑤

= I'm doing great.
絶好調だよ

　"How are you doing?"「調子は？」と聞いて相手がこう答えたら、うらやましく思うほうがいいかもしれません。あたりさわりなく答えているのか、根っからの楽天主義者なのかはわかりませんが、元気づけられる返事です。大阪では多くの人が「ぼちぼちでんな」と答えますが、中にはうまくいっていると答える人もいるでしょう。

ex. **A: How's business?**　仕事はどう？
　　B: It couldn't be better.　絶好調だよ。

I miss you. ⑧⑥

= I'm sad that you aren't here.
寂しいよ

　通常、電話や手紙、メールで相手とある期間会えないことを悲しむ表現です。その期間はお互いの関係によってさまざま。1週間の出張で離ればなれになっている恋人たちが使うこともあれば、あまり会えない祖父母と孫が使うこともあります。

ex. **A: It's been two weeks since you left. I miss you.**
　　《電話で》パパがうちを留守にしてもう2週間。寂しいな。
　　B: I know. I miss you, too. But I'll be home in five more days.
　　パパもだよ。でもあと5日したらうちに帰るからね。

Chapter 2　公共の場所

I'd better be off.

= I should go now.
もう行かなきゃ

"be off"は"leave"「出発する」の意味。別れの挨拶です。"I'd better"は"I have to"「私は〜しなければならない」の意味。別れるのは残念だけど、用事があったり遅くなったりしたので"have to leave"「行かなければならない」ことを礼儀正しく伝える表現です。特に具体的な理由を伝えることなくいとまごいをするのに便利な表現です。

ex. **It's getting late. I'd better be off.**
遅くなった。もう行かなきゃ。

I'd better be off. I need to do some shopping on my way home.
もう行かなきゃ。帰る途中で買い物をしないと。

I've got to run.

= I have to leave. / Gotta go.
もう行かなきゃ

"I've got to run." "I have to run." "Got to run."はどれも同じで、実際に走っていくわけではありませんが、「急ぎの用があるので行かなければいけない」という意味。会話や電話の終わりによく使う別れの挨拶です。カジュアルな表現なので上司などには使いません。

ex. **A: I've got to run, Rita. But it was great seeing you again.**
もう行かなきゃリタ。でもまた会えてすごくうれしかった。

B: Same here, Todd. Let's stay in touch.
こちらこそトッド。連絡を取り合おうね。

If you please.

= Would you do that, please?
よかったらお願いできる？

何かを提案されたときに答える表現です。"Would you like me to close the door?"「ドアを閉めておきましょうか？」、"Shall I open the window?"「窓を開けましょうか？」など、こちらのためを思って提案してくれたことに対し、丁寧に「よかったらお願いできますか？」と答える言い方です。"If you would, please." "If you would." も同じ意味。

ex. **Close the door, if you please.**
よかったらドアを閉めておいて。

Let me see.

= Give me a moment to think.
えっと

英語にも日本語と同じく、すぐに答えられない質問に対する間投詞があります。黙っていると、相手はあなたが質問を理解しなかったのかもしれないとか、すぐ返事をしない失礼な人だと思ってしまうかもしれません。そんなときにこう答えれば、答える準備はあるけど少し待ってほしいということを伝えることができます。

ex. **A: Do you know Bill's phone number?**
ビルの電話番号知ってる？

B: Let me see… Yes, it's 473-8965.
えっと…… ああ、473-8965だよ。

Chapter 2　公共の場所

Long time no see. 91

= I haven't seen you for a while.
久しぶり

　文法を無視した表現ですが、1900年代初めにアメリカやイギリスの船員と貿易していた中国人が使っていた混成英語が本国に持ち込まれて広まった言い回しでしょう。目上の人には使いません。文法的に正しく言えば "I haven't seen you for a long time." 「ずっと会っていませんでしたね」となります。

ex. **A: Hey, Pete! How's it going?**
　　　おうピート！　元気？

　　　B: Long time no see, Tim! I'm doing okay. How about you?
　　　久しぶりティム！　元気だよ。君は？

Look out! 92

= Be careful!
危ない！

　日本語では「危ない！」と言いますが、英語では "Danger!" とは言いません。歩道に穴があいているとか、車が来るとか、コンピューターのキーボードの隣にコーヒーカップを置くとか、危ない目にあいそうなときに使う表現です。"Watch out!" とも言います。

ex. **A: Look out! There's a bike coming down the sidewalk.**
　　　気をつけて！　歩道を自転車が走ってくるよ。

　　　B: Thanks. I didn't see him at all.
　　　ありがとう。全然気づかなかった。

Look who's here! ⁹³

= Do you see who I see?
誰かと思ったら！

　町なかや規模の大きい会議、パーティーなどで思いがけない知り合いに出会ったときに使う表現です。喜んでいるとか気分を害したとかいう気持ちを必ずしも表しているわけではなく、単に驚きを表します。

ex. **Look who's here! How are you doing, George?**
誰かと思ったら！ ジョージ、元気？

Look who's here! That's my former boss, Mr. Brown.
誰かと思ったら！　あれは昔の上司のブラウンさんだ。

Make a wish. ⁹⁴

= Make a silent request.
願い事をして

　誰かの誕生日を祝い、ケーキに乗せたろうそくに火をともして「ハッピー バースデー トゥー ユー」の歌を歌ったあと、火を吹き消した誕生日の主役に対して言うセリフ。誕生日に願い事をして、ろうそくをひと息で吹き消したら願い事がかなうという迷信から生まれた表現です。流れ星を見たときに目をつぶって言うこともあります。

ex. **Happy Birthday to you! Make a wish!**
《歌で》ハッピー バースデー トゥー ユー！　願い事をして！

Chapter 2　公共の場所

Paper or plastic? 〔95〕

= **What kind of bag do you want?**
紙袋、それともビニール袋にしますか？

アメリカの食料品店で買い物をするとレジでこう聞かれることがあるでしょう。「買った品を紙袋、それともビニール袋に入れて持ち帰りますか？」という意味です。英語で「ビニール」は"plastic"と言うことに注意してください。返事は例文のようにどちらかの単語に"please"をつければ簡単です。

ex.
A: Paper or plastic?
紙袋、それともビニール袋にしますか？

B: Plastic, please.
ビニール袋をお願いします。

Run that by (me) again. 〔96〕

= **Explain that again, please.**
もう一度説明して

"run 〜 by 人"で「人に〜を説明する」、の意味。誰かの意見や反応を求めたり、相手が言ったことの意味や含みが理解できなかったりした際に用いる表現です。口語表現なので友達や親しい同僚に使い、上司には使いません。"Let's run this proposal by Lynn to see what she thinks."「リンの考えを確認するためにこの提案を彼女に説明しよう」など、人の意見を求める際にもこの"run"を使います。

ex. **I don't get it. Run that by me again.**
わからない。もう一度言って。

(The) same to you.

あなたもね

"Merry Christmas!"「メリークリスマス」、"Happy New Year!"「明けましておめでとう」など特別な機会における挨拶や、"Have a good holiday!"「楽しい休暇を」という別れの挨拶への返事です。おうむ返しで答えるより、相手に同じように思っていることが伝わります。買い物をした後、店員から "Have a good day."「よい一日を」と言われたときにこう答えれば気持ちのよいやりとりができます。

ex. A: Have a great weekend. 素敵な週末を。
B: Thanks. Same to you! ありがとう。あなたもね！

Speak of the devil.

= The person we were just talking about appears!
噂をすれば影

第三者の話をしているときに急にその当人が現れたときによく使う言い回しです。もともとの表現は "Speak of the devil and he will appear."「噂をすれば影が差す」。今では短縮された表現でしか使われません。言霊に対する迷信から、"God"「神」、"Jesus"「キリスト」、"Satan"「悪魔」といった強力な力を持つ存在を気軽に口にしてはいけないと考えられたためです。

ex. Well, speak of the devil! Tom, I was just telling Nan about your new job!
噂をすれば影だ。トム、ナンに君の今度の仕事の話をしていたんだよ！

Chapter 2　公共の場所

Sure thing. 〔99〕

= ❶ Of course.　❷ You're welcome.
❶もちろん　❷どういたしまして

①は誰かに頼み事をされたときに「もちろんいいよ」と気軽に答える表現です。②は"Thank you."「ありがとう」と言われたときの「どういたしまして」という返事です。"You're welcome." "Don't mention it."とも言いますが、アメリカ人は"No problem." "Sure thing."のほうをよく使います。

ex. **A: Could you help me move these boxes?**
　　この箱を運ぶの、手伝ってもらえる？

　　B: Sure thing.
　　もちろん。

Take care. 〔100〕

= Good-bye.
じゃあね

70年代初めに"Have a nice day." "No problem." "Take care."という表現は話し言葉としても書き言葉としても急速にアメリカ英語に普及しました。これは"Be careful."「気をつけて」という意味とは関係なく、"Take (good) care of yourself."「体に気をつけて」の短縮語で、やりとりの最後に使います。くだけた内容のメールや友達宛の手紙などの結びの言葉としても使います。

ex. **A: Take care.**　じゃあね。

　　B: See ya later.　またね。

Take it easy.

= ❶ Good-bye. ❷ Calm down.
❶ じゃあね ❷ 落ち着けよ

①はシンプルな別れの挨拶。"Goodbye. Take life easy until we meet again."「さよなら、また会うときまで頑張りすぎないでね」"Don't work too hard. Enjoy life."「無理せず人生を楽しんで」というニュアンスを持つ表現です。②の意味ではアメリカの若者は"Chill.""Chill out." という表現をよく使います。

ex. **Take it easy, Sarah. See you next week.**
じゃあねサラ。また来週。

Take it easy. Things will be okay.
落ち着けよ。なんとかなるって。

Time to hit the road.

= It's time to leave.
もう行かないと

仕事や旅行に行く時間だ、というときに使う表現です。いとまを告げるときにも使います。「そろそろ出かけたほうがいいんじゃない？」と誰かに言うときにも使えます。

ex. **Time to hit the road. I've got an appointment at 9:00 this morning. See you later.**
そろそろ行かなきゃ。今朝は9時に約束があるんだ。じゃあね。

Time to hit the road, Wally. You'll be late for work.
もう行かないとウォリー。仕事に遅刻するよ。

Chapter 2　公共の場所

Wait a sec. 〔103〕

= Please wait a short time.
ちょっと待って

略さずに言えば、"Please wait a sec (ond)." 「ちょっと待ってください」。"minute"「分」ではなく"second"「秒」ということで「ほんの少しだけ待って」というニュアンスを表します。"Just a sec."とも言います。

ex. A: I'm going to lunch.　Want to go with me?
　　　昼食に行くけど、一緒に行かない？

　　　B: Wait a sec.　Let me shut down my computer.
　　　ちょっと待って。コンピューターをシャットダウンするから。

Wait up. 〔104〕

= Wait for me.
ちょっと待って

どこかに行こうとしている人に待っていてほしいときに使う便利な表現です。ミーティングに参加するために廊下を歩いていく同僚や、試合を見に行くために出かけようとしている友達を見かけたときに使うような言い回しです。

ex. A: Hey guys!　Wait up.
　　　みんな！　ちょっと待って。

　　　B: We'll wait for you.
　　　待ってるよ。

Well, I'll be.

= **This is surprising!**
おやおや／しまった／驚いた

略さずに言うと "Well, I'll be damned!"、婉曲的に言えば "Well, I'll be doggoned."。"damn" や "damned" は少し悪い言葉と考えられているため、省略して "Well, I'll be." と言うようになりました。単なる驚きから不満、喜びまでさまざまな感情を表します。

ex. Well, I'll be! Tom, how are you? It's great to see you.
わっ驚いた！ トム、元気？ 会えてうれしいよ。

Well, I'll be. Why didn't they give this to me earlier in the day?
なんてこった。どうしてこの仕事、もっと早くよこさないんだ。

What's going on?

= **What's happening?**
❶調子はどう？　❷どうしたの？

①は相手の調子や近況を尋ねるシンプルな挨拶です。②はよくも悪くも普通じゃないことが起きているときに状況を尋ねる表現です。

ex. A: Hi, Kent. What's going on? やあ、ケント。調子はどう？

B: Nothing much. 相変わらずだね。

A: What's going on? Why is everyone so excited?
どうしたの？　みんなで大騒ぎして。

B: We're watching the championship game on TV.
テレビで決勝戦を見てるんだ。

Chapter 2　公共の場所

What's up?

= What is happening?
❶何があったの？　❷最近どう？

"What is going on?" "What is happening?"「何があったの？」と同じ意味です。何か重大なことが起きていると思ったときに使います。また、挨拶で使うと、"What have you been doing lately?"「最近どうしてる？」の意味に。詳しく近況報告をしてもいいですが、"Not much."「別に、まあまあだね」と答えるのがシンプルな答え方です。早口で答えると"Wassup?"のように聞こえます。

ex.
A: Hey, Pete! What's up?　ああ、ピート！　最近どう？
B: Not much. What's up with you?
　　相変わらずだね。そっちは？

Where are you headed?

= In which direction are you going?
どこ行くの？

"head to / toward 場所"で、「〜に向かって」という意味。つまり、どこかに向かっている途中にいることを表します。相手がどこに行くつもりなのかを気軽に尋ねる言い方です。

ex.
A: Where are you headed?
　　どこ行くの？
B: I'm headed to the bank. I need to make a deposit.
　　銀行。預金してこないと。
A: I'm headed in the same direction. Would you like a ride?
　　同じ方向に行くから。車に乗っていく？

Chapter 3
Leisure

遊び　楽しみ

Chapter 3 遊び 楽しみ

Are we square? 109

= Are we even?
これで貸し借りなし？

"square"は「公平な」という意味。食事をして割り勘にしたときに「公平に分けた？ 貸し借りなし？」という意味で使います。貸し借りがある相手同士で、貸し借りの釣り合いが取れたときにも使うことが多い表現です。

ex.
A: I need you to do one more thing for me. Then are we square?
もう一つ手伝ってほしいんだけど。それで貸し借りなしだよね？

B: I'll be glad to. What do you need?
いいよ。何をすればいいの？

Are you still working on that? 110

= Are you finished?
おすみですか？

レストランで食事をしている際にウエイターにこう聞かれたら、なぜ"work"「働く」必要があるのだろうかと思ってしまうかもしれませんね。この場合の"work on 〜"とは"be engaged in eating"「食事をしている」の意味。レストランのウエイターが、食事はすんだかどうかを聞いているわけです。すんでいない場合、すんでいる場合の答え方は例文を参考にしてください。

ex.
A: Are you still working on that? おすみですか？
B: I'm still working on it. / I'm through.
まだです。／すみました。

Be my guest. ⑪

= Go ahead. / Help yourself.
どうぞ

友達に "Please be my guest for lunch." と言われたら、「おごりますよ」の意味。しかし、"Be my guest." と短く言うと、誰かに何かを喜んで許可する「どうぞ」という意味を表します。

ex. A: Could I check e-mail on your computer?
コンピューターのメールをあなたのPCでチェックさせてもらっていい？

B: Sure. Be my guest.
いいよ。どうぞ。

Care for another? ⑫

= Would you like another one?
お代わりはどう？

ここでの "care" は "be concerned about 〜"「〜について心配する」という意味ではありません。"Would you care for 〜?" で「〜はいかがですか？」と何かを勧める表現です。"Would you care for dessert or coffee?"「デザートかコーヒーはいかがですか？」のように使います。"Care for 〜?" はそれよりカジュアルな表現です。

ex. A: Care for another?
お代わりはどう？

B: No, thanks. I'm fine. / Yes, I believe I would.
いいや。ありがとう。／うん、いただくよ。

Chapter 3 遊び 楽しみ

Come right in.

= You are welcome to enter.
さあお入りください

　この場合の"right"は「遠慮せずに」の意味。「気兼ねせずに（会社や家に）自由に入っていいんですよ」という意味の表現です。

ex.
A: Good morning, Mr. Hanks. Thank you for making time for me.
おはようございます、ハンクスさん。お時間を取ってくださってありがとうございます。

B: Come right in. I've been looking forward to seeing you.
どうぞ入ってください。会うのを楽しみにしてましたよ。

Count me in.

= I will participate.
参加させて

　パーティーやミーティング、職場を去る同僚にみんなでプレゼントをするときなどに自分もその企画に加わりたい、参加者リストに自分も入れてほしいという意思を表す表現です。

ex.
A: We're collecting money to buy flowers for a farewell for Kate. Would you like to join us?
ケイトの送別会用に買う花束のカンパをしてるんだけど、仲間に入る？

B: I'd be happy to. Count me in.
喜んで。ぜひ参加させて。

Count me out.

= **Don't include me.**
私ははずして

"Count me in."とは逆の意味。つっけんどんに聞こえないように不参加の理由も述べるといいでしょう。友達相手なら、展覧会に誘われて "With the crowds that will be there? Count me out." 「すごく混むでしょ？　私はごめんだわ」と皮肉っぽく使うこともあります

ex. A: We're having a picnic on Saturday. Want to join us?
土曜日にピクニックをするけど参加しない？

B: Count me out. I'm attending a friend's wedding. But thanks for asking.
私ははずして。友達の結婚式に行くの。でも誘ってくれてありがとう。

Do I ever!

= **Definitely!**
もちろん！

疑問文のように思うかもしれませんが、"Of course I do!" 「もちろんです！」という意味を表す感嘆文です。

ex. A: Do you ever play tennis?　テニスはする？

B: Do I ever! I play twice every week.
もちろん！　週に2回は。

A: Want to have a beer after work today?
今日の仕事帰りに飲みに行かない？

B: Do I ever! Where shall we go?　いいね！　どこに行く？

Chapter 3 遊び 楽しみ

Don't bother.

= That is not necessary.
お構いなく

"Don't bother me!"「邪魔しないで！」という表現とは区別してください。"Don't bother."は誰かの提案を、相手に迷惑をかけまいとして礼儀正しく断る表現です。略さずに言えば、"Don't bother to 〜." "Don't bother 〜ing."となります。

ex. **Don't bother to call me ahead of time. Just drop by.**
事前に電話を入れなくていいから。ふらっと立ち寄ってね。

Don't bother washing the dishes. I'll do them later.
《パーティーの後で》お皿はそのままにしといて。後で洗うから。

Don't mind if I do.

= I will be happy to do that.
ぜひ

"Don't mind."は「構いません」に近い意味ですが、もっとポジティブなニュアンスがあります。"Don't mind if I do."は"Okay."よりも提案に対する同意や意欲を婉曲的に表した表現です。

ex. **A: How about another cup of coffee?** コーヒーのお代わりはどう？

B: Don't mind if I do. Thanks. ぜひ。ありがとう。

A: Would you like to go shopping with me?
一緒に買い物に行かない？

B: Sounds fun. Don't mind if I do. 楽しそう。ぜひ。

Enjoy yourself!

= Have a good time!
楽しんでね！

別れの挨拶で、夜や週末、休暇などに特別な予定を立てている人に "I hope you have a good time!"「楽しい時間を過ごせますように！」という思いやりを示す表現です。略さずに言うと "I hope that you enjoy yourself!" となります。

ex.
A: I'm going to Kyoto for the weekend. See you on Monday.
週末に京都に行くんだ。じゃ月曜日にね。
B: Enjoy yourself! 楽しんできてね。
A: Thanks. I'll do my best. ありがとう。思い切り楽しんでくる。

First come, first served.

= The first to arrive receives precedence.
先着順です

登録、劇場の座席、レストランの席、イベントのチケットなどに関してよく使われる表現です。予約や条件を考慮せず、最初に来た人にサービスを提供するという意味。"Tickets are sold on a first-come, first-served basis."「チケットは先着順」という表現もあります。

ex.
A: Do you accept reservations for dinner?
ディナーの予約は受けつけていますか？
B: No, we don't. First come, first served.
いいえ。先に来たお客様からお通ししています。

Chapter 3　遊び　楽しみ

Have a ball! 121

= Have a lot of fun!
楽しんできてね！

"a ball"で「素晴らしいひと時、楽しみ」の意味です。"Have a ball!"は、"Have great fun!" "Enjoy yourself!"と言い換えることができます。いずれも、相手がこれからすることに対する強い興味を示すために使います。"I'm sure you will have a ball at the concert." 「コンサートで楽しんできてね」という言い方もします。

ex.
A: I'm off to Paris tomorrow!
明日からパリに行くの！

B: Great!　Have a ball!
すごい！　楽しんできてね！

Have a good one! 122

= Enjoy what you are going to do!
楽しい時間を！

文脈によって意味が変わります。"a good one"は相手の週末の予定や休暇の予定を指すこともあれば、漠然と「楽しんでね」という意味でも使えて便利な表現です。私の個人的な意見としては、"one"で表すより具体的に言い表すほうが気が利いているとは思います。

ex.
A: Finished for the day?　今日はこれでおしまい？

B: Yes, I'm glad the day is over.　うん、終わってよかった。

A: Well, have a good one!　じゃあ楽しい時間を！

B: Thanks, same to you.　ありがとう、あなたもね。

Have a seat.

= Please sit down.
座って

「着席する」は"take a seat" "have a seat"と言いますが、誰かに"Have a seat."と言われた際には、命令ではなく提案のニュアンスを持つ表現です。フォーマルな場面や初めてのミーティングでは"please"「どうぞ」をつけると丁寧な言い方になりますが、友達や知り合いの間ではつけなくても構いません。

ex. **A: Come in, Harry. Have a seat.**
　　　入ってハリー。どうぞ座って。

　　　B: Thanks. It's good to see you again.
　　　ありがとう。また会えてうれしいよ。

Heads or tails?

= Which side do you choose?
表か裏か

2人のうち、あるいは2チームのうちどちらが先にやるか、先攻するかを決める際にコインを投げて決める方法があります。どちらが先に休むかなどを決めるときにも使います。アメリカのコインの"head"「表」には昔からアメリカの大統領の胸像が、"tail"「裏」には白頭ワシやアメリカバイソンなどの動物が彫られています。

ex. **A: Let's flip a coin. Heads or tails?**
　　　コインを投げて決めよう。表か裏か。

　　　B: Heads. / Tails.
　　　表。／裏。

Chapter 3　遊び　楽しみ

Help yourself.

= Please feel free to take what you want.
何でも自由にどうぞ

何かを提供するときの決まり文句で、飲食物に使うことが多いです。日本人は何度も勧められるまでは遠慮するのが美徳と考えるかもしれませんが英語圏では何度も勧めるのは押しつけがましいと思われます。カジュアルなパーティーではセルフサービスが普通です。

ex. **A:** We have chips and dip, and soft drinks and beer. Help yourself.
ポテトチップスとディップ、ソフトドリンクとビールがあるから。何でも自由にどうぞ。

B: Thanks. I think I'll have a cola.
ありがとう。コーラにするよ。

Here you go.

= There you go. / This is for you.
さあどうぞ

物を手渡しながら「はい、どうぞ」と言うときに英語では "Here you are." と言いますが、今回のような表現もよく使います。この "go" に「行く」という意味はありません。カジュアルな表現なので、職場の同僚や家族にプリントやコーヒーなどを手渡すときに使います。

ex. **A:** Can I look at that book next to you?
隣にあるその本を見ていい？

B: Sure. Here you go.
もちろん。さあどうぞ。

A: Thanks. ありがとう。

Here's to you! 127

= A toast to your health!
（健康を祝して）乾杯！

　フォーマルなお祝いの場所でなければ、乾杯の呼びかけはたいてい短いです。一番よく使うのは "Cheers!"「乾杯！」。誰かに向けて個人的に乾杯するなら相手の健康を祝した今回のような表現が使えます。このセリフを言うときは相手の目を見て言うことが肝心。少人数の集まりでは "Here's to Angela, a great friend!"「素晴らしい友達、アンジェラに乾杯！」などと言います。

ex. **A: Here you are. Here's to you!**
　　さあ、あなたの健康を祝して乾杯！
B: Thank you. Cheers! ありがとう。乾杯！

Hold it! 128

= Wait a second!
待って！

　"Hold it!" も "Hold everything!" も、人の注意を引き、今やっていることを中断して問題が解決するまで待ってほしいという意味の表現です。外出しようとしてカギを持ってないのに気づいたときに一緒にいる人に言うこともあるでしょう。

ex. **Hold it!　There's a mistake in line five.**
《印刷前に書類をチェックして》待って！　5行目にミスがある。

Hold it!　We don't have a bottle opener.
《ピクニックに行く前に》待って！　ボトルオープナーが入ってない。

Chapter 3 遊び 楽しみ

How about a rain check? 129

= Can we do it another time?
また今度誘ってくれる？

このアメリカ英語は"rain check"「スポーツの試合や野外コンサートなどの雨天順延券」から来ています。誰かの誘いや提案に対して使うときは、今は応じられないけど次の機会なら興味があるという意思を表す表現です。たとえば、しゃれたカフェに昼食に行かないかと誘われたときに例文のように答えます。

ex. A: I'm too busy today. How about a rain check?
今日はすごく忙しいの。また今度誘ってくれる？

B: Sure. We can go some other time.
わかった。またいつかね。

How's the time? 130

= How are we for time?
時間は大丈夫？

"How's the time?"も"How's our time?"も、締め切りや予定の時間が来るまでの間に何かをする時間がどのくらいあるかを聞く表現です。初めての街を訪れて帰りの電車が来るまでに博物館に行きたいと思ったときなどに一緒にいる人にこの質問をしたりします。

ex. How's the time? Is there time to recheck the details?
時間は大丈夫？ 詳細を再確認する時間はあるかな？

I owe you one.

= I owe you a favor.
恩に着るよ

普段、私たちは頼み事を聞いたり、聞いてもらったりしています。これはその恩についてお礼を言う表現です。"I owe you one."の"one"とは"a favor"「親切な行為」のこと。特別な頼み事を聞いてもらったと思ったときは"I owe you a big one."「大きな借りができた」と言うこともできます。

ex. A: Here's my bicycle. Return it when you're finished with it.
ほらこれが私の自転車。用がすんだら返してね。

B: Thanks for the favor. I owe you one.
ありがとう。恩に着るよ。

I'll have to beg off.

= I'm afraid I can't do it.
せっかくだけど遠慮しておくよ

"beg off"はその前に決めていたことができなくなって「謝って断る」ことを意味します。"beg"には、約束を破ることを謝るようなニュアンスがあります。

ex. Carrie, I'm sorry about tonight. I'll have to beg off. A rush job just came in and I have to work late tonight.
キャリー、今夜はごめん。せっかくだけど遠慮しておくよ。急な仕事が入って今夜は残業しなきゃいけないんだ。

Chapter 3　遊び 楽しみ

I'm game.

= I'm willing to try.
やってみようかな

　この"game"は形容詞で「(新しいことや、やりがいのあること)をする気がある」の意味。大変な任務を引き受けるときにも使いますが、レジャーなどに使うことが多いです。

ex. **A: Let's sign up to run the marathon.**
　　　マラソン大会にエントリーしようよ。
　　B: I'm game.　してみようかな。
　　A: Want to try bungee jumping?　バンジージャンプやらない？
　　B: I'm game if you are.　君がやる気ならやってみようかな。

I'm good.

= I'm okay as I am.
間に合ってます

　1990年代後半から使われ始めた比較的新しい言い回しです。バーテンに "Would you like another drink?"「もう1杯いかがですか？」と聞かれてこう答えたら、"I am fine with the drink I have now."「今ある飲み物で構わない」、つまり、"No, thanks."「結構です」という意味になります。提案を礼儀正しく断るカジュアルな表現です。

ex. **A: John, I'm going to the convenience store. Need anything?**
　　　ジョン、コンビニに行くけど、買ってきてほしいものある？
　　B: I'm good. Thanks.　間に合ってるよ。ありがとう。

I'm lost.

= I don't understand at all.
さっぱりわからない

　道案内やマニュアルなど、ややこしい説明を聞いて混乱したときに使う表現。複雑な説明がまったく理解できず、完全に混乱している、もっとわかりやすい説明をしてほしいというニュアンスがあります。

ex. **A: Did you understand the instructions?**
　　　説明はわかりましたか？

　　　B: I'm lost. Could you help?
　　　さっぱりわかりません。教えてもらえますか？

I'm on board.

= I agree.
その話に乗ります

　由来は不確かですが、"bandwagon"「行列の先頭を走る楽隊車」に乗った人というイメージを連想させる言葉です。昔は特に選挙の立候補者を乗せて選挙カーのように使っていたのです。そこから"bandwagon"には「活動や目的」というイメージがあり、"on board"「～に乗る」で"support"「支持する」などの意味を表します。

ex. **A: I'd like your cooperation on this project.**
　　　このプロジェクトに協力してほしいんだけど。

　　　B: I'm on board.
　　　いいよ。

Chapter 3 遊び 楽しみ

I'm up for it.

= I'm interested.
いいね／興味ある

"I'm up for it."は誰かの提案（ゲームをしない？／ビールのお代わりはどう？／映画に行かない？など）に興味を示すときの口語表現です。"Are you up for sushi/a picnic?"「お寿司／ピクニックに興味ある？」などという聞き方もできます。

ex.
A: You know that new Thai restaurant? How about going there for lunch?
新しくできたタイレストラン知ってる？　昼食に行ってみない？

B: I'm up for it!
いいね！

I've seen worse.

= It's all right but not great.
そんなにひどくはないかな

"I've seen better."「まあまあ」と"I've seen worse."の微妙な違いはわかりづらいかもしれません。例文のBのプレゼンに対する印象は「10点満点で3〜4点、8〜9点では絶対にない」。これが"I've seen better."なら「5〜6点」とポジティブなニュアンスがあります。

ex.
A: What did you think of their presentation?
彼らのプレゼン、どう思った？

B: I've seen worse, but it wasn't too impressive.
そんなにひどくはないかな。感心もしなかったけど。

It never fails. ⑬⑨

= It always happens.
いつもそう

何かが決まって必ず起きると思うことに使います。いい意味でも悪い意味でも使います。それぞれ、例文を参考にしてみてください。

ex. Every time I come to Kyoto, I am impressed by its beauty. It never fails.
京都に行くと、その美しさに感動する。いつもそうだ。

It never fails. Every time I plan to go to the beach on a Saturday, I wake up and it's pouring down rain.
いつもそうだ。土曜日に海岸に行こうと思うときは、朝起きるといつも土砂降りだ。

It's a hard life. ⑭⓪

= This way of life is great.
つらい生活だよ

文字どおりの意味でも使いますが、他人や自分のお気楽な生活をうらやんだり、わざと大変そうに言ったりするときにも使います。

ex. We sleep late every day, have beer with lunch on the terrace of the hotel, play golf or swim in the pool in the afternoon, and have delicious meals with wine every night. It's a hard life.
毎日朝寝坊して、ホテルのテラスでランチにビールを飲んで、午後はゴルフをするかプールで泳ぎ、毎晩ワインとおいしい食事を食べて。つらい生活だよ。

Chapter 3 遊び 楽しみ

Know what?

= Say!
知ってる?

略さずに言えば "Do you know what (I'm going to tell you)?"「私がこれから言うことを知ってる?」。"Say!" "Listen!" "Guess what!" も同じ意味。本当にビッグニュースの場合もあれば噂にすぎないこともありますが、ドラマチックな効果を期待して使う表現です。言われたほうは聞く姿勢を示すために "What?"「何?」と聞きます。

ex.
A: **Know what?** 知ってる?
B: **No. What?** いいや。何を?
A: **Erica is going to have a baby!** エリカ、ママになるんだって!

Let's go Dutch.

= Let's split the cost equally.
割り勘にしよう

"Dutch"「オランダ人」は人におごるより割り勘を好むケチな人種だというステレオタイプなイメージから生まれた表現ですから、オランダ人が嫌がっても当然ですが、この表現や "Dutch treat"「割り勘」はすっかり英語に浸透してしまいました。"Let's go Dutch treat." とも言います。

ex.
There's a game on Friday night. Let's go Dutch.
金曜の夜に試合があるよ。(チケット代金を) 割り勘にしよう。

Let's play it by ear. 143

= **Let's decide what to do as the situation develops.**
臨機応変に対応しよう

楽譜を見ずに "play music by ear"「暗譜で演奏する」人もいることから生まれた「即興で／状況に応じて行う」という意味の表現です。

ex. A: We could go grocery shopping on Saturday or on Sunday. Which day would you like to go?
土曜日か日曜日なら買い出しに行けるけど。どっちがいい？

B: It depends partly on the weather and partly on my energy level. Let's play it by ear.
その日の天気と元気によるな。臨機応変にやろう。

Lovely weather for ducks. 144

= **It's raining.**
あいにくの雨だね

直訳すれば「アヒルにとってはいい天気」。そこから、"rainy weather"「雨天」を意味し、喜んでいるのはアヒルくらいだろう、あいにくの雨だ、というニュアンスを表す皮肉っぽい表現です。

ex. A: Hi, Rachel. How do you like this weather?
やあレイチェル。今日の天気はどうだい。

B: Lovely weather for ducks.
あいにくの雨ね。

Chapter 3　遊び 楽しみ

Make yourself at home. 145

= Please relax and make yourself comfortable.
どうぞおくつろぎください

"guest"「招待客」だからといってかしこまることなく、できるだけリラックスしてほしいという招待した側の歓待の気持ちを表した表現です。留学したらホストファミリーに2つ目の例文のように言われるかもしれません。

ex. Make yourself at home while I make us some coffee.
コーヒーを入れてくるから、くつろいでて。

Make yourself at home. We want you to feel like a member of the family.
くつろいでね。家族のように過ごしてほしいの。

Never a dull moment. 146

= There is always excitement.
退屈する暇がない

おもしろいことが常に起きているというそのままの意味で使うこともあれば、ストレスの多い面倒なことが次々起きているという意味でも使います。1930年代にイギリスの海軍で生まれた表現で、大西洋を渡ってアメリカでも日常的に使われ始めたと言われています。

ex. A: How's your new job?　今度の仕事はどう？

B: It's one thing after another. Never a dull moment. But I'm learning how to handle things quickly.

次から次にやることがあって退屈する暇ないよ。でも仕事のやり方はすぐにつかめる。

No problem.

= You're welcome.
どういたしまして

「どういたしまして」は "You're welcome." "Don't mention it." と言うと学校で習ってきたと思いますが、日常的には "No problem." がよく使われます（p.68参照）。こちらが親切なことをしたことに相手が感じている負担を減らそうとする気遣いを込めた表現です。

ex. **A: Thank you for coming all the way to the airport to pick me up.**
空港まで迎えに来てくれてありがとう。

B: No problem. How was your flight?
どういたしまして。空の旅はどうだった？

Not half bad.

= It's actually rather good.
悪くないね

ほめ言葉として逆説的な表現を使うのは英語でも一緒です。にっこりして "Not bad!" と言えば「まんざらでもない」の意味。「bad の半分ほどじゃない」とは "good" だということです。高いワインを飲み慣れている人が安いワインを飲んだら例文のように言うでしょう。

ex. **A: How's that cheap wine from Australia?**
オーストラリア産の安いワインはどう？

B: Not half bad! I think I'll buy more next time I go to the store.
悪くないよ！ 今度店に行ったらもっと買ってこよう。

Chapter 3 遊び 楽しみ

Pull up a chair. 〔149〕

= **Please sit down.**
お座りください

"pull up a chair and sit down"「椅子を引いて座る」という表現を見たら、オフィスやカフェテリアで自分の隣のあいている椅子に知り合いを招く場面をすぐに思い浮かべられるかもしれません。

ex. A: Would you mind if I join you for lunch? 昼食に同席してもいい？

B: Not at all. Pull up a chair. もちろん。座って。

A: Do you have a few minutes? ちょっといいですか？

B: Sure. Pull up a chair. What's on your mind?
もちろん。どうぞ座って。どうしたんですか？

Say when. 〔150〕

= **Tell me when you have enough.**
ちょうどいい分量になったら言って

ウエイターが料理にコショウをひいてくれるときや誰かがワインをグラスについでくれるときなどに使う表現。英語では "Stop!"「ストップ！」と答えるのは失礼です。ユーモラスに "When!" と答えることもできますが典型的な答え方は例文を参考にしてください。

ex. A: Would you like cream in your coffee? コーヒーにクリームは？

B: Yes, please. 入れてください。

A: Say when. ちょうどいい分量になったら言ってください。

B: … That's fine, thank you. ……そこでいいです。ありがとう。

Sort of. 151

= A little.
まあね

　一部は真実でも全体を言い表してはいないときや、はっきりしない感覚を表すのに使う表現です。日本語の「なんとなく」に近いと言えるでしょう。例文のBは「ある意味、がっかりした。音楽は並だったが平均以上ではない」というニュアンスです。

ex.
A: Were you disappointed by the concert?
　コンサートにがっかりしたの？

B: Sort of. The music was just okay.
　まあね。音楽はよかったけど。

Stay put. 152

= Don't move.
待ってて

　"Stay put." は口語で「そのままそこでじっとしていて」の意味。1つ目の例文は、会話の途中でトイレに行きたくなったり、電話が鳴ったりしたときなどに友達に使うかもしれません。自分が状況を把握するから動く必要はないと相手に伝えるときにも使います。

ex. **Stay put, I'll be back in a sec.** 待ってて。すぐ戻るから。

A: Here comes Mr. Jenkins. ジェンキンスさんが来たぞ。

B: Stay put. I'll find out what he wants.
　待ってて。どんな要求か確認してくるから。

Chapter 3 遊び 楽しみ

That's a wrap.

= It's completed.
これでおしまいです

"wrap"は会議や仕事などを「終わりにする」という意味を持ちます。通常、"That's/It's a wrap."は、滞りなく終わったことに対して使います。"wrap"は「その日の撮影終了」という意味で、1920年代の映画業界から生まれた表現だと言われています。

ex. After we throw away all the empty boxes, it's a wrap. We can finally settle down in our new apartment.
空き箱を片づけたらおしまいだ。やっと新しいアパートで落ち着けるね。

This is on me.

= I will pay for this.
おごるよ

食事や飲み物に満足している相手におごりたいと思ったら、"This is on me." "My treat."と言います。この表現を使って礼儀正しく誰かを誘うなら、"Let's go out for lunch today. This is on me."「今日、一緒に昼食に行きませんか？ おごりますよ」と言うといいでしょう。食後に勘定書を手にして例文のように言うこともできます。

ex. It's a pleasure to have lunch with you. This is on me.
昼食をともにできて楽しかったです。私がおごりますよ。

We're all set.

= **We're ready.**
準備万端だ

この "set" は人を主語に持ち、「～の準備が整った」という意味で使います。"all" を "set" の前につけることで強調を表します。車を車検に出したときに整備士が "You're all set." と言えば、「これで点検は完了です」、つまり、「車の修理と点検はすみました、自信を持ってご乗車ください」と言ってくることになります。

ex. Okay. We're all set. Let's head to the meeting room.
《プレゼンについて》準備万端だ。会議室に行こう。

What'll it be?

= **What would you like?**
何になさいますか？

ウエイターやバーテンなどが何を食べたいか、飲みたいかを聞くときのセリフです。バーテンならあなたの席まで来てコースターを置きながら例文のように聞くでしょう。友達と旅行の計画を相談している際などに「どうする？」という意味で使うこともあります。

ex. A: Good evening, ma'am / sir. What'll it be?
こんばんは。何になさいますか？

B: A gin and tonic, please.
ジントニックをお願いします。

Chapter 3 遊び 楽しみ

Will this do?

= Is this suitable?
これで間に合う？

何かをなしとげるのに十分な装備や材料、道具を持っていないときに誰かに協力を求めると、こんな答えが返ってくるかもしれません。例文のBは、相手の要求にぴったり合うかどうかはわからないけれども問題を解決できるかどうか選択肢を示しているわけです。

ex. A: Do you happen to have something to put these magazines in?
この雑誌を入れるもの、何か持ってない？

B: How about this box? Will this do? この箱はどう？ 間に合う？

A: Great, that'll do fine. いいね、十分だよ。

You made it!

= ❶ You arrived in time! ❷ You were successful!
❶間に合ったね！　❷やったね！

①「間に合う」、②「成功する」の意味があります。待ち合わせた友達が時間前に来たら1つ目の例文のように、2つ目の例文はあなたがマラソンを完走したらゴールで友達に言われるかもしれません。

ex. A: You made it! 間に合ったね！

B: I was caught in traffic, so I was worried that I might not make it in time.
渋滞にはまって間に合わないかと思ったよ。

You made it! Congratulations! I knew you could do it!
やったね！　おめでとう！　君ならやれると思ってたよ！

You name it. 〔159〕

= ❶ **Whatever you want.** ❷ **You can decide.**
❶欲しいものは何でも　❷お任せします

"and others (etc.)"「〜など」のニュアンスを持つ表現です。①は "anything you could possibly want"「お望みのものは何でも」の意味。②は友達や顧客に対して、「あなたの都合に合わせる」ということを示すときに使います。

> **ex.** **E-commerce offers books, clothes, medicines, cars— you name it.**
> eコーマスは本、服、薬、車、何でも扱っています。
>
> **We can meet anywhere. You name it.**
> 会うのはどこでもいいよ。お任せ。

You're on! 〔160〕

= **I'll accept.**
受けて立つよ／いいとも

挑戦に応じたり、相手の考えとは逆のことが起きると考えていることを示す表現です。例文のBはAよりもたくさんシュートを決められると思っているわけです。

> **ex.** **A: Let's see who can shoot the most baskets!**
> 誰が一番バスケットボールでシュートできるかやってみよう！
>
> **B: You're on!**
> 受けて立つよ！

Chapter 4

Very close friends and family

友達・家族と

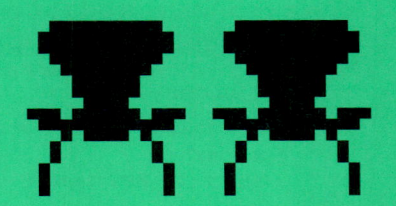

Chapter 4　友達・家族と

Afraid so. 　161

= Unfortunately, that is true.
残念ながらね

友達や家族の間でがっかりするような話をするときにも、相手の気持ちに配慮することが大切です。そんなときは、"I'm afraid that～"「残念だけど」という言い方をします。返事をする際も、ただ"Yes."や"No."と答えるのではなく、"(I'm) afraid so."と答えるといいでしょう。

ex.
A: Do we have to work late today?
今日は残業する必要あるの？

B: I'm afraid so.
残念ながらね。

And how! 　162

= Yes, absolutely!
もちろん！／ぜひ！

相手が言ったことに心から賛成しているか、前向きに答える表現です。前者は1つ目の例文、後者は2つ目の例文を見てください。

ex.
And how! This machine has been a headache for months.
《故障続きのプリンターの交換を提案されて》ぜひ！　このプリンター、何ヵ月も頭痛の種だったんだ。

A: Would you like to join us at the wine-tasting on Saturday?
土曜日にワインの試飲会に一緒に行かない？

B: And how! When does it start? ぜひ！　何時から？

And the rest is history.

= Everyone knows the rest.
その後のことはご存じのとおり

最初の部分だけを話して残りの話は周知の事実だろうと話を締めくくるために言うセリフです。相手が既に知っているだろうと思われることを全部話して退屈させないために気を配る表現です。

ex.
A: How did Beatrix Potter start her writing career?
ビアトリクス・ポターが作家になるきっかけは何だったの？

B: She began writing letters about animals to children…and the rest is history.
動物のことについて子どもたちに手紙を書いてたんだ……で、その後のことは知ってのとおりさ。

Anything goes.

= There are no restrictions.
何でもありだ

ルールや制限に縛られることなくやりたいことは何でもできるという意味。戦争状態やリオのカーニバル、ヨーロッパのサッカーの試合などの状況を指すときに使える表現かもしれません。

ex.
When those two teams play, it is chaotic. Anything goes. Supporters of the teams fight before the game, during the game and after the game.
このチームの対戦はめちゃくちゃだよ。何でもあり。サポーター同士は試合の前から試合中も試合が終わった後もけんかしてるんだ。

Chapter 4 友達・家族と

Anything you say.

= I'll accept what you say.
わかった／仰せのとおりに

略さずに言えば、"I'll accept anything you say." 「あなたが言うことに同意します」、"I'll do anything you ask." 「あなたの要求に応えます」となります。前者は特に根拠もなく相手の言うことを受け入れる場合に使います。後者については例文を参考にしてください。

ex. A: Would you mind picking up lunch for me, too?
私の昼食も一緒に買ってきてくれない？

B: Anything you say! What would you like me to get?
仰せのとおりに！　何を買ってきてほしい？

Are you putting me on?

= Are you kidding me?
マジで？

悪意やジョークを含め、誰かの発言を疑う表現です。自分で誰かをからかってやりすぎたと思ったときに "I'm (just) putting you on." 「冗談だって」と言えば、本気ではないことが相手に伝わります。

ex. A: Dave and Paula have broken up.
デイヴとポーラが離婚したんだって。

B: Are you putting me on? I just saw them walking down the street hand-in-hand.
マジで？　この前手をつないで歩いてるとこを見たばかりだけど。

Beats me.

= I don't know.
さあね

略さずに言えば、"It beats me."。この"it"は質問された内容を指します。"beat"させられたということは、「お手上げだ、わからない、よくわからない状況をうまく説明する答えを思いつけない」ということです。

ex. **A: How is Francis supporting herself in Paris?**
フランシスはパリでどうやって自活してるの？

B: Beats me. Maybe she has a job or something.
知らない。仕事か何かしてるのかもね。

Can too!

= I can do it!
できるさ！

子どもがよく使う表現で、一方が相手には何かができないと言いながら自分にはできると主張するときの言い回しです。例文のような応酬は子どもっぽいですが、大人も、無理だと思われていることができると一度だけ "Can too!" を使って主張することがあります。

ex. **A: I bet you can't climb that wall!** あの塀は君には登れないね！

B: Can too! 登れるさ！

A: Can not! 無理だね！

B: Can too! 登れるってば！

Chapter 4 友達・家族と

Come on. 〔169〕

= ❶ You can do it! ❷ I don't believe that. ❸ Hurry!
❶頑張れ！ ❷まさか ❸急いで！

内容とイントネーションによってどの意味が当てはまるかはわかるはずです。それぞれの例については3つの例文を見てください。

ex. Come on, Roy! I know you can do it!
頑張れ、ロイ！ 君ならできる！

Come on. Do you expect me to believe that?
嘘でしょ。そんなこと私が信じると思ってるの？

Come on! We'll miss the start of the concert if we don't leave now.
早く！ 今出ないとコンサートの開始に間に合わないよ。

Cut it out! 〔170〕

= Quit that!
いいかげんにして！

イライラさせられることや、からかうのをやめてほしいと伝えるカジュアルな表現です。

ex. A: I saw how you were trying to impress Dave! You like him, don't you?
デイブの気を引こうとしてるとこを見たよ！ 彼のことが好きなんでしょ？

B: Cut it out! He's just a friend—nothing more than that.
やめてよ！ ただの友達。それ以上じゃないわ。

Don't go there. 171

= Don't consider that at all.
そのことは考えるな

何かの可能性を検討するのをやめるよう助言する、比較的新しい表現です。理由としては、考えても無駄、考えるとつらくなるからということが考えられます。

ex. **Don't go there. There is zero chance of getting a raise in this economy.**
その話はしないほうがいい。今の景気で昇給はありえない。

Don't go there. Just ignore it and pretend she didn't say anything.
もう考えるなよ。無視して彼女が言ったことを聞かなかったことにしなよ。

Don't hold your breath. 172

= Don't count on it happening (soon).
あまり期待するなよ

"hold one's breath"は比喩的に「期待でかたずを飲む」の意味です。否定の命令形で使うと「(すぐには実現しない、あるいは可能性がまったくないので) 期待するな」という意味になります。

ex. **A: I hope the company calls me for an interview.**
あの会社から面接の電話がかかってくるといいな。

B: Don't hold your breath. They are hiring only one person and a hundred have applied.
期待しないようにね。1人の求人に百人の応募があったんだから。

Chapter 4 友達・家族と

Don't tell a soul. 〔173〕

= Don't tell this to anyone.
内緒だよ

"soul"は「魂」の意味も持ちますが、ここでは「人」の意味。今回の表現は内緒にしておいてほしい秘密や噂を人に教えるときに使います。

ex. Don't tell a soul. I've just quit my job, and I don't want everyone to know just yet.
誰にも言わないで。退職したの。でもみんなにはまだ知られたくないんだ。

Cathy is going to be promoted. But don't tell a soul. It won't be official until next week.
キャシーが昇格するんだって。でも内緒だよ。発表は来週だから。

Fight fire with fire. 〔174〕

= Use the same tactics.
毒をもって毒を制す

けんかで「対戦相手に、自分は普段は使わないかもしれない同じ方法、戦略を用いる」という意味ですが、仕事の交渉や口論について使うことが多いです。相手が汚い戦略を使い始めた際にひるんでいないことを示すために同じ戦略を採用するときに使います。

ex. **A:** I'm surprised you used such rough language when you talked to Frank.
君がフランクにあんな荒っぽい言葉を使ってて驚いたよ。

B: Fight fire with fire. Kind language doesn't get through to Frank.
「毒をもって毒を制す」よ。優しい言葉を使っても通じないから。

Flattery will get you nowhere. (175)

= Saying nice things won't help you.
おだてても無駄だよ

"compliment"は「賛辞」というよい意味ですが、"flattery"は何かをしてもらうために誰かの虚栄心をくすぐるために使うものです。

ex.
A: Allie, you're so gifted when it comes to giving speeches. Could you help me a little with mine?
アリー、演説することにかけてはほんとに才能があるよね。私の演説をちょっと手伝ってよ。

B: Flattery will get you nowhere. The last time you asked for help, I ended up writing your entire speech!
おだてても無駄よ。前回は結局全部私が原稿を書いたじゃない!

For real? (176)

= Are you serious about that?
マジで?

"Are you kidding me?"と同じく、相手の発言に対する疑いを表した表現です。略さずに言えば"Is what you said for real?"となります。"Really?" "Is that to be taken seriously?"も同じ意味です。

ex.
A: The company is going to move its main office to Dublin.
あの会社、本社をダブリンに移転するんだって。

B: For real? That's big news.
マジで? そりゃ大ニュースだ。

Chapter 4 友達・家族と

Get over it. 〔177〕

= Forget it.
忘れたほうがいいよ

　誰かがずっとくよくよしてネガティブなことを愚痴りながら "I can't get over it." 「信じられない」と言い続けていたら、周りの人もうんざりしてきます。そんなときに、多少の気遣いも込めながら言うセリフです。"I can't get over it! I won the lottery!"「信じられない！　宝くじが当たった！」とよい意味で使うときもあります。

ex. **Get over it. If you keep brooding over it you'll get depressed.**
忘れたほうがいいよ。ずっと気に病んでたら気がめいるよ。

God forbid. 〔178〕

= I hope it does not happen. / I hope it isn't true.
とんでもない！

　"God/Heaven forbid!"「神や天国が許しませんように」という意味を表すこの表現は昔、全能の神への祈りの言葉として生まれました。現代では神や天国に対する迷信も薄れ、起こってほしくないことや嘘であってほしいという気持ちを強める表現として使われます。

ex. **John will be chairman? God forbid! He has no leadership ability at all.**
ジョンが議長に？　冗談だろ！　リーダーシップ、ゼロなのに。

God knows, I've tried. (179)

= I have definitely tried.
できるだけのことはやった

"God only knows." は "I don't know." 「わからない」を強めた言い方ですが、この表現は発言の最初に使い、その後に続ける内容を強調する働きがあります。"God knows." とも言います。

ex.
A: Have you been able to book a flight?
飛行機は予約できた？

B: God knows, I've tried. But they're full.
できるだけのことはやった。でも満席だった。

God willing. (180)

= I'm planning on it.
事情が許せばね／そのつもりだよ

"God forbid." 同様、人間の謙虚さを表す表現として生まれました。「自分は何かを当てにしているけれども神に別の計画があればその御心のままに」というニュアンスです。現代では「予想外のことが起きない限りは何かの計画を立てている」という意味で使われます。

ex.
A: Are you going skiing in Hokkaido this winter?
今年の冬は北海道にスキーに行くの？

B: God willing. I love going there every year.
そのつもりだよ。北海道に行くのが毎年楽しみなんだ。

Chapter 4 友達・家族と

Got me beat. (181)

= ❶ I don't know. ❷ I give up.
❶わからない ❷降参

"You got me." "You got me beat." "Beats me." "Got me beat." と同じく、2とおりの意味を持ちます。①は情報がないか、答えを知らないことを認めるときに使います。②はチェスなどの試合で相手に一本取られたことを悟って負けを認めるときなどに使う表現です。

ex.
A: When will Brent get here?
ブレントはいつここに来るの？

B: Got me beat. He didn't say anything to me about his schedule.
わからない。スケジュールは何も聞いてないよ。

Gotcha! (182)

= ❶ I understand! ❷ I'll do it!
❶わかった！ ❷了解！

この間投詞は、"I've got you!" を短縮したカジュアルな表現で、会話や気取らないメールで使います。①は相手が言っていることやほのめかしていることを理解したとき、②は相手がほのめかしていることやあからさまに頼んでいることをやると答えるときに使います。

ex.
A: These cartons have to be delivered by 5:00.
この容器、5時までに運ばなければいけないんだけど。

B: Gotcha! I'll be sure that they are delivered by then.
了解！　その時間までに必ず届けさせるよ。

Guess what!

= I have news that will surprise you.
聞いてよ！

推量するように頼んでいるわけではなく、相手を驚かせるようなことを伝えるときの言い回しです。相手がこのセリフを言った後にあなたが興味を持っているかどうかを確認するために言葉を切ったら、続きを促すために "What?" と聞きます。

ex. A: Maria! Guess what! マリア、聞いてよ！

B: What? 何？

A: Our favorite French restaurant is going to go out of business!
私たちのお気に入りのフレンチレストランが閉店するんだって！

Hang on (a second).

= Wait just a minute.
ちょっと待って

"Wait." "Stay." と同じ意味。誰かに「待って」と伝える表現です。買い物に出かけようとしている人に何かを買ってきてほしいときや、外に食事に出かけようとしている人たちにすぐに用事を片づけるから待ってほしいというときなどに覚えておくと便利です。

ex. A: Are you going to that good pizza shop?
あのおいしいピザ屋に行くの？

B: Yeah. うん。

A: Hang on a second. I'll go with you.
ちょっと待って。一緒に行く。

Chapter 4 友達・家族と

How come? 185

= Why?
どうして？

起きたことや言われたことに驚いてその理由を聞く表現です。オランダ語の「なぜ」"hockum"、英語の"How came it?"（How did it come to be? どうしてそうなったのか？）が起源と言われています。

ex. **A: Jack can't join us for lunch today.**
ジャックは今日、私たちと昼食に行けないって。

B: How come? どうして？

A: He was suddenly called to a meeting away from the office.
急に電話がかかってきて打ち合わせに行くことになったみたい。

How do you like that? 186

= That's surprising.
驚いた

驚きを表す表現です。文脈によって、ポジティブな驚きとネガティブな驚きの両方を表します。疑問文ですが、返事を求めているわけではありません。"How about that!"も同じ使い方ができます。

ex. **A: Jane just got promoted!**
ジェーンが昇進したんだって！

B: Well. How do you like that! I'm really proud of her.
へえ。驚いた！　彼女のことを本当に誇りに思うよ。

How was your day? ⑱

= How did things go today?
今日はどうだった？

家族が帰ってきたら「お帰りなさい」と言って迎える日本人は英語に似たような表現がないことを不思議がります。しかし英語には便利な表現、"How was your day?" があります。子どもには「今日は学校はどうだった？」、働いているパートナーには「今日は仕事はどうだった？」とさまざまな意味を表します。

ex.
A: How was your day? 今日はどうだった？
B: Good. / I'm glad it's over. I had one problem after another to deal with. How about yours?
いい日だった。／やっと終わった。次から次に問題が起きて。あなたは？

I don't know. ⑱

= ❶ I'm not sure about doing that. ❷ I disagree.
❶ どうしようかな ❷ どうだろう

①は言われたことをやろうかどうしようか迷っているときに使います。②は相手の意見に気兼ねしながら不賛成を示す表現です。「うーん」という表情でゆっくりと言うのがポイントです。

ex.
I don't know. I think I've already had enough to eat.
《デザートを勧められ》どうしよう。もうおなかがいっぱいなんだけど。

A: I think Angela would make a good captain.
アンジェラはいいキャプテンになると思う。
B: I don't know. I think Susan would do a better job.
どうかな。スーザンのほうがうまくやりそうだけど。

115

Chapter 4 友達・家族と

I guess.

= I suppose that is true.
そうだと思う

特にアメリカで使われる英語で、本当だと思ったり、ありそうだと思ったりしたことに使います。"I guess so."とも言います。否定の内容を受けるときは"I guess not."と言います。

ex. A: **Is Tyler from the U.S.?** タイラーはアメリカ生まれなの？

B: **I guess (so). He talks like an American.**
そうだと思うよ。話し方がアメリカ人ぽいよね。

A: **Didn't she like living in Kyoto?** 彼女は京都暮らしが嫌だったの？

B: **I guess not.** そうかもね。

I kid you not.

= What I'm saying is true.
ふざけてないよ

信じられないことを聞かされたり、驚いたときには"Are you kidding me?"「冗談でしょ？」という言い方をよくします。それを否定する答えは"I'm not kidding you."ですが、「本当のことを言っているのだ」と強調するときには今回のような表現をよく使います。

ex. A: **Kelly bought a new car? Are you kidding me?**
ケリーが新車を買ったって？　嘘でしょ？

B: **I kid you not. He bought a red roadster!**
嘘じゃないよ。真っ赤なロードスターを買ってたよ！

I haven't a clue. 〔191〕

= I have no idea.
さっぱりわからない

シャーロック・ホームズは事件を解決しようと "clue"「手がかり」を探します。私たちも問題を解決しようとしたり質問に答えようとしたりするときにはよく手がかりを必要としますが、その方法がまったくわからないときにはこのように答えます。見当もつかないことを強調する表現です。

ex. **A: Do you know how to switch this device on?**
この装置の電源の入れ方、わかる？

B: I haven't a clue.
全然。

I know what. 〔192〕

= I have a good idea.
いいこと思いついた

友達とのおしゃべりや職場のブレインストーミングなどで誰かが解決策やアイデアを求めているときに提案をする表現です。

ex. **I know what. We could go to the new Vietnamese restaurant down the street.**
いいこと思いついた。通りの向こうに新しくできたベトナム料理の店に行こう。

I know what. Let's set up focus groups in different parts of the city and get opinions from them.
名案がある。この街のいろいろな地区に消費者グループを作ってそれから意見を求めよう。

Chapter 4　友達・家族と

I bet.

= ❶ I can imagine.　❷ I don't believe that.
❶ そうだろうね　❷ あやしいもんだな

①は相手が言った状況を理解できる、想像できるというときの表現。②は相手が言っていることを強く疑っているときに使います。ちなみに "You bet!"「もちろん！」は、相手に同意したり、提案を受け入れたいと思ったりしたことを強調するときに使います。

ex.
A: Kyoto was absolutely beautiful with all the cherry trees in bloom!
桜が満開の京都はものすごくきれいだったよ！

B: I bet! I wish I could have gone with you.
きっとそうだろうね！　一緒に行ければよかったのにな。

I'm off.

= I'm leaving now.
行ってきます／失礼します

ドアから出ていきながら言うこのセリフは、どこかに向かって出発することを単に表す表現です。家を出て職場に行ったり、学校に行ったり、あるいは職場を出るときにも使えます。戻ってくるつもりかどうかまではわかりません。

ex.
A: I'm off. See you tonight.　行ってきます。また今夜ね。
B: Okay. Have a good day.　わかった。よい一日を。
A: Thanks.　ありがとう。

I tell you.

= I really believe this.
だから言ったでしょ

"I emphasize (that 〜)"「〜を強調する」、"I am convinced (that 〜)"「〜を確信している」、"I find it obvious."「〜なのは明らかだ」を意味する口語表現。経験や知識に基づき、自分の発言を強めるときの言い方です。"Tell you what."「聞いて」は何かを提案する表現です。

ex. **A: Jody helped me make all the arrangement for the party.**
ジョディがパーティーの手配を全部手伝ってくれたの。

B: She is one great friend. I tell you.
彼女は素晴らしい友達だよね。言ったでしょ。

It just goes to show.

= This is a good example.
いい教訓だね

"It just shows."も同じ意味。苦い経験が何かを証明しているときに使います。傘を忘れて雨に降られたときは1つ目の例文が使えます。

ex. **It just goes to show, you should never trust the weather forecast.** いい教訓だね。天気予報を信じるもんじゃない。

A: Everything of value in the house was stolen.
家の中にあった金目のものはすべて盗まれたよ。

B: It just goes to show. You shouldn't leave a house without someone to watch over it.
いい教訓だね。誰かに留守番を頼まずに家をあけるもんじゃないね。

Chapter 4 友達・家族と

It's hit or miss. 〔197〕

= It's hard to predict.
行き当たりばったりだ

射撃など何かを的に当てることから生まれた表現であることは間違いないでしょう。成功する（hit＝当たる）か失敗する（miss＝はずす）かは一か八か。好ましい結果が出るかどうかは運次第だという意味です。"hit-or-miss"「でたらめの」という意味の形容詞で使うこともあります。

ex. A: How is the weather for our excursion on Saturday?
土曜日の旅行だけど、天気はどうかな？

B: It's hit or miss. I'm going to take both sunglasses and an umbrella.
運任せだな。サングラスと傘と両方持ってくよ。

It's not supposed to. 〔198〕

= It shouldn't happen.
そんなはずはない

本来そうはならないはずのこと、異常なことや意外なことが起きているときに使います。

ex. A: The engine makes a grinding sound.
エンジンからこすれるような音がしてる。

B: Hmm. It's not supposed to. うーん。そんなはずはない。

A: Jerry called and said he's coming back tonight.
ジェリーが電話で今夜戻ると言ってたよ。

B: That's funny. He's not supposed to.
変だな。そんなはずはない。

It's up to you. 199

= **The decision is yours.**
君次第だ／任せるよ

2人の人間が何かを決めようとしているときに相手に決断をゆだねる表現です。通常、自分には特定の好みがないので自分は何でも構わない、あなたが決めてくださいというニュアンスがあります。

ex. A: Where shall we eat tonight?
今日はどこで食事する？

B: It's up to you.
任せるよ。

Just like that! 200

= **It happened in no time at all.**
❶あっという間に　❷簡単に

①は「何が起きたか理解するより早く」という意味です。②は「簡単に、たやすく」。それぞれの意味を表す2つの例文を参考にしてください。

ex. Just like that! The car jumped the curb and hit the wall.
いきなりよ！　あの車が縁石を乗り越えて塀に激突したんだ。

Tom pushed a few keys and the computer was running smoothly again. Just like that!
トムがちょっとキーボードを打ったらコンピューターがまた順調に動き出したんだ。すんなりと！

Chapter 4 友達・家族と

Keep this under your hat. 201

= Keep this completely secret.
内緒にしといて

秘密をもらさないようにと頼むこの表現は、帽子に何かを隠すイメージから来ています。帽子をかぶる人は少なくなりましたが今も使われる表現です。"Keep this to yourself." "This is just between the two of us." も同じ意味です。

ex. **A: Keep this under your hat. Bert is leaving the company.**
内緒だよ。バートが会社を辞めるんだって。

B: I won't tell anyone.
誰にも言わないよ。

Keep your fingers crossed. 202

= Let's hope we have good luck.
幸運を祈ろう

片手の中指と人差し指を交差させる仕草は、キリスト教で「他力」を象徴する "cross"「十字架」を表します。自分の持てる力を活かし、しっかり準備をした後で、特別の運を授かるように祈ってと人に頼む表現です。

ex. **A: Let's hope the weather clears for our hike tomorrow.**
明日はハイキングだから晴れますように。

B: Keep your fingers crossed. I'll do the same.
祈ってて。私もそうする。

Knock on wood. 203

= So far things are okay.
このまま幸運が続きますように

　昔、ドルイド教徒は木に強力な精霊が宿っていると信じ、精霊の力を借りて幸運をつかむために木をたたいていたそうです。今はこの迷信を信じている人はいませんが、超自然的な力が必要なときにそのことを口にしながら木のテーブルなどをたたく人はいます。

ex. **A: Are you in good health, Frank?** 元気？　フランク。

B: So far I haven't had any major illnesses. Knock on wood.
今までのところ大した病気もしてないよ。このまま運に恵まれるといいな。

My lips are sealed. 204

= I will keep this secret.
誰にも言わないよ

　"seal one's lips"「口をつぐむ」から生まれた表現でしょう。"seal"は、昔は宛先人以外に手紙の中身を読まれないように封筒に蝋をたらして「封印」したことから来ています。口の端から端までジッパーを閉めるジェスチャーをするときもあります。

ex. **A: I'm being sent to the Singapore office. This is top secret, so don't tell anyone else.**
シンガポール支店に異動になるんだ。でも極秘事項だから、誰にも言わないで。

B: I promise. My lips are sealed. わかった。誰にも言わないよ。

Chapter 4 友達・家族と

Nope. 205

= No.
いや

活字で見ることはほとんどありませんが、話し言葉では「ノー」と「イエス」を表す発音はいろいろあります。"No."を表す発音で最もよく使うのがこの表現。顧客や上司、目上の人には使いませんが、家族や友達の間では短い質問に対する短い返事としてよく使います。

ex.
A: Need help?
手伝おうか？

B: Nope. I can handle it.
いや。なんとかなるよ。

Let me sleep on it. 206

= Give me time to consider it.
ちょっと考えさせて

大きな決断に迫られたときはすぐに答えを出せないかもしれません。そんなときにしばらく考えさせてほしいと頼む表現です。文字どおり、「ひと晩」を意味することもありますが（「翌日に答えます」の意味）、「しばらく考えさせてほしい」という意味で使われるほうが多いです。たとえば新しい仕事を頼まれたときには例文のように答えることができます。

ex.
Let me sleep on it. I'll let you know tomorrow.
ちょっと考えさせて。明日答えます。

Mum's the word. (207)

= Don't tell anyone.
内緒だよ

"mum"は唇を閉じて発した音を表すことから、"Mum's the word." は "Keep this strictly to yourself."「秘密を厳守して」、"Say nothing to anyone."「誰にも言わないで」の意味。口をつぐんで秘密にするという意味を表します

ex. A: The party is a surprise. Mum's the word.
サプライズパーティーなの。内緒にしといて。

B: I won't tell a soul.
誰にも言わないよ。

No wonder. (208)

= That's understandable.
無理もない

「その理由は理解しやすい」「つじつまが合っている」「当然だ」などの意味を表す言い回しです。自分にとって理由は明白なので驚くべきことではないというときに使います。

ex. A: Susan looks really tired recently.
スーザンはこのところ、ひどく疲れてるように見えるね。

B: No wonder. She works a regular job, goes to night school, and studies all weekend.
当然だよ。フルタイムで働いて夜間学校に行って週末もずっと勉強してるんだ。

Chapter 4 友達・家族と

209
Not by a long shot.

= There is almost no chance at all.
見込みはまったくない

昔の銃は照準が合いにくく、遠距離からの射撃が的に当たることはめったにありませんでした。そこで19世紀終わりまでに、この表現は起こりそうにない状況、見当違いの憶測に対して使うようになりました。今では「起こる可能性がまったくない」ことに使います。

ex. **A: Will the construction be completed this year?**
あの建設工事は年内に終わるの?

B: Not by a long shot. In fact, it may take several more years.
見込みはないね。実際のところ、あと数年はかかるんじゃないかな。

210
Now you're talking!

= That's better!
そう、それだ!

パッとしない試みや提案をしていた相手から素晴らしい提案をされたときに、身を乗り出して「それだ!」と答えるときの表現です。ディナーに何を食べるか選ぶ際には例文のような言い方ができます。

ex. **A: We could have hamburger…grilled chicken…steak…**
ご用意できるのはハンバーガー……グリルチキン……ステーキ……。

B: Now you're talking! I'm up for a nice sirloin steak!
それだ! 僕はおいしいサーロインステーキにするよ!

Oh boy! 211

= ❶ Great! ❷ Oh, no!
❶ やった！ ❷ あーあ！

「男の子」について何か言っているわけではありません。2とおりの意味があり、イントネーションや内容でどちらの意味かはすぐわかります。①は行きたかった試合のチケットが手に入った、テーブルにおいしそうな料理が並んでいるときなどに、②はがっかりすることや厄介なことが起きたときにため息まじりに言います。

ex. **Oh boy! This is paradise!**　やった！　極楽だ！

Oh boy! I have an important appointment and now the subway stops!
あーあ！　大切な約束があるのに地下鉄が止まってる！

Oh, my gosh! 212

= This is a surprise!
なんてこった！／おやまあ！

映画では驚きを表すのに"Oh, my God!"という表現をよく耳にすると思いますが、アメリカには神の名前を気軽に口にするのはよくないと考える人もいます。"Oh, my gosh!"はその代わりとなる婉曲表現です。問題の深刻さを強調するのに使うときもあります。

ex. **Oh, my gosh! Take a look at that guy standing there dressed like Superman!**
うわっ、見て！　あそこに立ってる人、スーパーマンみたいな格好してる！

Chapter 4 友達・家族と

Our house is your house. 213

= Please feel free to make yourself at home.
くつろいでね

家に招待した客に対して、ここが自分の家であるかのように過ごしてリラックスしてくださいと礼儀正しく伝える表現です。一人が招いたときは "My house is your house." と言います。

ex.
A: Thanks for inviting me to spend the weekend with you!
週末にみなさんのもとにお招きいただきありがとう！

B: Our house is your house, Justin. We're very happy you could stay with us.
くつろいでねジャスティン。うちに滞在してくれたら私たちもすごくうれしいから。

Piece of cake. 214

= It's an easy thing to do.
簡単だよ

「簡単にできること、間違いなく成功できそうなこと」に使います。昔、黒人の歩き方コンテストで複雑で人を引きつけるダンスを披露したカップルには優勝商品としてケーキがプレゼントされたことから、"It's a piece of cake." (直訳＝ひと切れのケーキ) が「たやすいこと」を意味するようになりました。

ex.
A: Think we can finish this job by 5:00?
5時までにこの仕事、終えられるかな？

B: Piece of cake. I bet we'll be through by 4:00.
簡単さ。4時までには終えられるね。

Quote...unquote. 215

= **① Emphasis for an actual quotation. ② So-called...**
① いわく ② いわば

会話の中で①の意味で使うときは実際に引用を行い、その際には2本の指でカニのように引用符を示すジェスチャーをすることもよくあります。書き言葉では使いません。②は"so-called" "what people call"と同じく、「いわゆる」の意味で使います。

ex. When Barack Obama ran for president, he was famous for saying, quote, Yes we can, unquote.
バラク・オバマが大統領選に出馬したとき、いわく、"Yes we can"の言葉で有名になった。

Saved by the bell. 216

= **Lucky timing.**
ああ、助かった

「土壇場で救われた」ことを意味します。"bell"はボクシングのラウンドで鳴るゴングのこと。ボクサーが守勢に立たされたときにゴングが鳴って休憩を取り、試合を続けられる状況から来ています。「タイミングよく中断が入って助かったこと」、授業中、先生に当てられて答えられないときにチャイムが鳴ったような状況を指します。

ex. A: Bob was nagging on and on, when I was called to the phone.
ボブがずっとガミガミ言ってたとこに電話がかかってきたんだ。
B: Saved by the bell. タイミングがよかったね。

Chapter 4 友達・家族と

Search me. 〔217〕

= I have no idea.
さあね

どちらにも同じようにアクセントを置きます。"I don't know."「知らない」と同じ意味。由来としてイメージできるのは、警察などに尋問されている際に「私のことをいくら調べても（search）答えは見つかりませんよ」と答えている状況です。俗語に近い口語表現なので友達の間で使い、目上の人には使わないほうがいいでしょう。

ex.
A: Where did Chris go?
クリスはどこに行ったの？

B: Search me. He didn't say anything to me.
さあ。彼、何も言わなかったよ。

See if I care! 〔218〕

= I don't care if you do it.
知るもんか

怒りを込めて言うこの表現は、言い争いをしている子ども同士や、子どもっぽい振る舞いをする大人が使うような言い回しです。相手のすることを自分はどうでもいいと思っている、今にそれがわかる（wait and see）だろうというニュアンスです。

ex.
A: You are impossible to work with! I'm going to get someone else to help me!
君とはやってられない！ ほかの人に手伝ってもらうよ！

B: Go ahead! See if I care!
どうぞ！ 好きにすれば！

Soup's on! 219

= Come and get it!
食事の支度ができたよ！

この"on"は形容詞で「始まった、起こっている」の意味。食事ができたと家族や親しい友達を呼ぶ表現です。料理が熱いうちに早く席について召し上がれ、というニュアンスです。食事に"soup"「スープ」が含まれなくても使います。"Dinner is ready." とも言います。

ex.
A: Everybody, soup's on!
みんな、食事の支度ができたよ！

B: Great! I'm starving.
よかった！ 腹ぺこだよ。

Thank heavens. 220

= I'm really grateful for that.
よかった

普段は神のことを考えない人も間一髪で惨事を逃れたらその幸運に大いに感謝します。そんなときの安堵した気持ちを表す表現です。

ex.
A: The police just called and your son is all right.
警察から電話があって、息子さん、大丈夫だって。

B: Thank heavens! よかった！

A: Lucy can't meet with us today. ルーシーが今日は会えないって。

B: Thank heavens. I have other work that I really need to finish today.
助かった。今日はやらなきゃいけない仕事があるんだ。

Chapter 4 友達・家族と

That figures. 221

= That's not surprising.
そうだと思った

"figure"は「理解する、理にかなった結論に至る」ことを意味します。主語が「もの」のときは「状況などの筋道が通っている、当然のことである」という意味。最近の出来事や新しくわかった事実が当然と思えるときにおもにアメリカでよく使う口語表現です。

ex. **A: Maria is crazy about her new boyfriend.**
マリア、今度の彼氏に夢中ね。

B: That figures. He's handsome, smart, well-dressed—and rich.
そんなことだろうと思った。彼はハンサムだし、頭もいいし、おしゃれだし、それにお金持ちだもんね。

That's that! 222

= That's the end.
これでおしまい

"The end."や"That's all."と同じく、その問題に関して「それ以上、話はできない、やれることはない」という意味です。"So much for that."と言い換えることもできます。

ex. **We are going to set the curfew at 6:00 pm and that's that!**
《親が子どもに》門限を6時にするから。もう決まりよ!

Meg refused to change her mind about her decision, and that's that.
メグは決心を変える気はないって、これでおしまいだ。

Time to hit the books.

= It's time to study.
勉強する時間だ

"hit the books" は「一生懸命勉強する」こと。学生がよく使う表現で、場合によっては仕事を持ち帰った社会人が使うこともあります。時間と労力を管理して何かの準備をしなければならないときに使う表現です。親が宿題をしない子どもに向かって言うことも多いかもしれません。

ex. A: Come on, John. Time to hit the books.
ほらジョン、宿題をする時間よ。

B: Okay, okay. Don't push me.
わかったってば。せっつかないでよ。

Time to hit the sack.

= It's time to go to bed.
寝る時間だ

この表現の元になっている "Time to hit the hay."「寝る時間だ（直訳＝干し草に倒れ込む）」は、農家で干し草置き場を昼寝の場所に使っていた時代の表現です。"sack" は「ベッド、寝床」の意味。干し草や綿花がつまった布袋状のものが寝床として使われていたからです。"hit" は「〜に倒れ込む」の意味。

ex. A: I'm too tired to watch the rest of this movie.
疲れてるからこの映画の続きは見られないな。

B: Me, too. Time to hit the sack.
私も。寝る時間だね。

Chapter 4 友達・家族と

Tough luck! 225

= That's too bad!
おあいにくさま！

"Tough!" と同じく、"That's unfortunate for you." 「残念だったね」ということを皮肉っぽく伝える表現です。自分がまいた種なので同情できないとか、物事が常に思いどおりにはいくとは限らないという気持ちを表すために使います。

ex.
A: Natalie turned down my invitation to dinner. Why?
ディナーに誘ったのにナタリーに断られた。なんでかな？

B: Tough luck, Bob. That's the way life is.
おあいにくさま、ボブ。人生はそんなもんさ。

Uh-huh. 226

= Yes.
うん／ええ

英語のネイティブスピーカーがよく使う "Uh-huh." は「イエス」を表す口語表現で、賛成、同意、理解を表します。"Thank you." 「ありがとう」の意味で使ったり、会話では「興味を持って話を聞いていますよ、話を続けて」という相づちとして使うこともあります。後半にアクセントを置き、鼻にかかった音で「アーハッ」と発音してください。

ex.
A: May I have some more rice?
ご飯のお代わりしていい？

B: Uh-huh. いいよ。

Unh-unh. 227

= No.
いいや

"Uh-huh." とは逆で、「ノー」の意味。否定、拒絶を表します。こちらも同じく鼻にかかった音で、アクセントは前半に置き、「ンッンー」のように発音します。

ex. A: I want to cut off this tag. Do you happen to have a pair of scissors with you?
このタグをはずしたいんだけど。ハサミ持ってない？

B: Unh-unh.
いや。

Wanna bet? 228

= I doubt what you said.
まさか

"wanna" は "want to ～"「～したい」の口語表現。"Do you want to bet (on it)?"「賭ける？」という意味ですが、今回の表現は相手が言ったことが信じられないと思ったときや、違う情報を知っている、経験上、それが間違っていると思えたときに使うことが多いです。"I wouldn't bet on it." も同じ意味。

ex. A: We're going to have good weather this weekend.
週末は晴れるって。

B: Wanna bet? The TV news says there's a typhoon coming.
嘘でしょ？ テレビのニュースでは台風が近づいてるってよ。

Chapter 4 友達・家族と

What gives? ㉙

= **What is going on?**
どうなってるの？

うまくいっていないこと、予期していなかったことを見つけて驚いたときに「いったい何が起きているんだ？」と聞く表現です。カジュアルな表現なので、同僚や友達の間で使います。単なる驚きから、いらだちを表すこともあります。

ex. **A: What gives? Why hasn't John come yet?**
どうなってるの？　どうしてジョンはまだ来てないの？

B: He called and said he was caught in traffic.
電話があって、渋滞にはまってるそうだよ。

What's eating him? ㉚

= **What's bothering him?**
彼、何イライラしてるの？

"What's bothering 〜?（直訳＝何が〜を悩ませているの？）と同じく、その場にいない第三者がなぜ怒っているのか聞く表現です。機嫌の悪い同僚に1つ目の例文のように直接聞く場合もあります。

ex. **What's eating you today? Want to talk about it?**
今日はどうして不機嫌なの？　そのことについて話したい？

A: What's eating Walter? He just yelled at me.
ウォルターは何イライラしてるの？　どなられちゃった。

B: From what I heard, his girlfriend has just dumped him.
聞いたところによると、彼女に捨てられたらしいよ。

What's new? ②③①

= What's happening with you?
元気？／最近どう？

"What's the news?"「目新しいことはある？」から生まれた表現ですが、近況を尋ねる会話のきっかけとして使われるようになりました。"How's it going?" や "What's going on?" と同じく、変わったことが起きたかどうか自由回答を求める挨拶。一般的な返事は、"Not much. Anything new with you?"「特に。あなたは？」です。

ex. **A: Hey Kent! What's new?** あらケント！　最近どう？

　　　B: Hi Jennifer. Actually, I just bought a car.
　　　やあジェニファー。最近、車を買ったんだ。

What's the catch? ②③②

= What is the drawback?
何か裏でもあるの？

できすぎた話は疑うのが当然です。そんなとき "It sounds too good to be true."「あまりによくできていて本当とは思えない」という後にこんなセリフを続けます。"catch" は「不都合な点、わな」の意味。

ex. **A: The job pays well, and it's a promotion.**
　　　あの仕事は給料もいいし、出世ってことなんだよね。

　　　B: What's the catch?　何か裏はあるの？

　　　A: The hours are lousy. It involves working nights and on weekends.
　　　時間がめちゃくちゃ。夜も週末も働かなきゃいけない。

Chapter 4 友達・家族と

Who knows? 233

= I don't know the answer to that.
わからない

　カジュアルな表現なので、同僚や友達、家族に対して使います。その質問には答えられる人は誰もいないという意味の表現。例文1つ目は時間どおりに来ないバスを待っている間にされた質問、2つ目はころころ変わる日本の首相についてされた質問への答えです。

ex. **A: When will the bus arrive?** バスはいつ来るのかな。
B: Who knows? さあね。
A: Who will be the next prime minister? 次の首相は誰かな？
B: Who knows? わからないね。

Whoa! 234

= Stop!
ちょっと待った！

　馬を止めるときのかけ声から生まれた表現。"Stop!"「待て！」という意味です。誰かが言っていることが本当ではないと思ったり、失礼なことを言う相手を遮ったり、早口だったり興奮したりしている相手を落ち着かせるときに使ったりします。

ex. **A: You promised to help me!**
手伝うって約束したでしょ！
B: Whoa! I didn't say that. All I said was I'd think about it.
待って！ そんなこと言ってない。考えとくって言っただけだよ。

Would you like a ride? 235

= Can I take you somewhere?
乗ってく?

この表現は普通、車に乗っていかないかと提案する表現です。"Would you like a lift?" とも言います。"ride" や特に "lift" は誰かの車にただで乗せてもらうこと。同じ方角に行く用事があるときなどに「乗せてあげようか?」と親切に申し出るときに使います。

ex.
A: Are you going home now? これから帰るの?
B: Yeah, would you like a ride? うん、乗ってく?
A: If you don't mind. That would be great!
  もしよければ。すごく助かるよ!

Yep. / Yup. 236

= Yes.
いいよ

"Yep." も "Yup." も「イエス」を表すカジュアルな表現です。"Yeah." も同じです。状況によりますが、"Sure." "Okay." でも言い換えることができます。目上の人ではなく、家族や親しい友達の間で使います。

ex.
A: Could you please buy milk on the way home?
  帰る途中で牛乳買ってきてくれない?
B: Yup. I'll also get some bread.
  いいよ。パンも買ってくるね。

Chapter 4　友達・家族と

You got me (there).　237

= I don't know.
わからない

"get"はさまざまな意味を持つ動詞ですが、口語として「誰かを困らせる」という意味もあります。"You got me."は"I can't answer your question."「あなたの質問には答えられない」の意味。"there"は「その質問」を指し、加えても略してもどちらでも構いません。

ex. **A: What is the best route from Tokyo to Niigata?**
東京から新潟まで行くのに最適なルートは？

B: You got me there. I've never driven to Niigata.
わからないな。新潟まで車で行ったことないから。

You lost me there.　238

= I don't understand that.
話についていけなくなった

難しい問題や目的地までのややこしい案内を聞いている最中で、それまでは話についていっていたのにその時点でわからなくなったことを伝える表現です。"You lost me now."も同じ意味。話についていけるようになったら"Now I follow you."と言います。

ex. **A: The shogunate was founded by Tokugawa Ieyasu.**
幕府を開いたのは徳川家康だ。

B: You lost me there. What is a 'shogunate'?
話についていけなくなった。幕府って何？

Chapter 5
Admiring Encouraging

ほめる　励ます

239 As far as I know.

= I believe so.
そうだと思うよ

“as far as”はその後に続くものの程度を表します。“as far as I know”は「私の知っている限りでは」。質問に対する答えや、自分が信じていること、理解していることを示すために使います。

また、“as far as ～goes”は「～に関して言えば」、“as far as 人 is concerned”は「～の意見では」という意味になります。

ex.
A: The meeting starts at 9:30, right?
会議は9時半からだよね？

B: As far as I know. I haven't heard any updates in the schedule.
そうだと思うよ。予定に変更があったとは聞いてないから。

240 Back to square one.

= Start over again at the beginning.
一からやり直し

モノポリーなどのテーブルゲームで引いたカードやサイコロの目がはずれてコマを振り出しに戻さなければならなくなり、努力や進展が無駄になる状況を指します。計画が行き詰まったり何かに失敗したりしてやり直さなければならないときにこの表現を使います。

ex.
A: Where is the painting you were working on?
描いていた絵はどこにやったの？

B: It wasn't going the way I wanted it to, so I trashed it. Back to square one.
思ったとおりに描けなくて捨てた。一からやり直し。

Believe you me! 241

= Believe me.
嘘じゃないって

おかしな文法に思えるかもしれませんが "Believe me." 「信じてくれ、本当だ」と同じ意味です。古英語が起源だと言われています。自分が言っていること、特に何かに対する警告を強めるときに「私が言っていることを信じたほうがいいよ」という意味で使います。

ex. A: These days I've been staying up until 3:00 am surfing the Internet.
最近明け方3時までネットサーフィンして起きてるんだ。

B: It's not a healthy habit, believe you me.
体に悪いよ。嘘じゃないって。

Bingo! 242

= That's it!
やった！

ビンゴゲームから生まれた表現。数字が縦横5列に印刷されたカードを使い、ランダムに取り出されたボールの数字が縦横斜めに1列でも並んだら、"Bingo!"「ビンゴ！」と大声で勝利を宣言します。そこから、急にうまくいったことや達成したこと、推測が当たっていたことに対する驚きや興奮を表すときに使います。

ex. A: Bingo! I just came up with the perfect idea for a new business!
やった！　新しいビジネスにぴったりなアイデアを思いついた！

B: That's great! それはすごい！

Chapter 5 ほめる 励ます

By all means. 243

= **Of course.**
もちろん

"Yes." "Surely." "Definitely." "Certainly." "Absolutely."と同じ意味。「必ず」という意味もあります。"means"は「何かをする手段、資力」という名詞。"by no means"は「決して〜でない」、"by any means necessary"は「必要なことは何でもして」という意味です。

ex. A: Is it okay if I switch the TV channel?
テレビのチャンネル替えてもいい?

B: By all means, feel free to watch whatever you would like.
もちろん、見たいものを好きに見ていいよ。

(You) can't beat that. 244

= **That's great.**
すごい

"beat"は「ほかのすべてのものより勝る」という意味です。「質や優秀さにおいてこれ以上にすごい人、すごいものはない」という意味です。主語に"You"がつく場合は、特定の人物ではなく、「世間一般の人」を表します。

ex. A: This jacket was on sale at $20, which is 80% off the original price!
このジャケット20ドルだったんだ。定価の80%オフだよ!

B: Wow! Can't beat that.
うわっ! すごいね。

Cool it!

= ❶ Stop it. ❷ Relax.
❶やめて　❷落ち着いて

①は望ましくない行為をやめさせるために、②は興奮していたり、神経過敏な人を落ち着かせるために使います。

ex. **Cool it! Getting angry won't solve the problem.**
やめなよ！　怒っても問題の解決にはならないよ。

A: I can't believe she said that about me!
彼女が私についてあんなこと言うなんて信じられない！

B: Cool it! She wasn't even talking about you.
落ち着いてよ！　彼女、あなたのことを話してもなかったよ。

Deal!

= Agreed!
話は決まった！／賛成！

"It's a deal!" を縮めた言い方です。"deal" は仕事や政治上の「取引、協定」を指し、"I agree (to that)."「賛成です」、"That's okay with me."「それでいいですよ」、"I accept that proposal."「その提案に同意します」と同じ意味。"It's a done deal." "Done!" と言うことも。

ex. **A: Do you want to trade your U2 album for my Rolling Stones album?**
あなたのU2のアルバムと私のローリングストーンズのアルバムを交換しない？

B: Deal! 賛成！

Chapter 5 ほめる 励ます

Don't sweat it. (247)

= Don't worry about it.
心配することないよ

"Don't get anxious enough to sweat over this issue." 「この問題についてやきもきするほど心配しなくていい」という意味。"No sweat." だけなら「どういたしまして」の意味で使います。

ex. **A: I'll do my best to get there by 6:00. The only thing I'm worried about is the bus.**
6時までにそこに着けるようにベストを尽くすけど、唯一の心配はバスなんだよね。

B: Don't sweat it. I'll read a newspaper until you get there.
心配することないよ。君が着くまで新聞でも読んでるから。

Everything's going to be all right. (248)

= Don't worry.
大丈夫だよ

これから控えていることや起きてしまったことを心配したり悔やんでいる人に、うまくいく、ややこしい状況に思えることもうまくいくと励まして、リラックスさせるために使います。

ex. **A: I'm so worried about my presentation tomorrow.**
明日のプレゼン、うまくいくか心配だ。

B: Relax. You're prepared and you've practiced. Everything's going to be all right.
落ち着いてよ。準備して練習してきたじゃない。大丈夫だよ。

Fair enough. ㉔⁹

= **That's reasonable.**
賛成／あなたの言うとおり

辞書にはおもにイギリス英語と書いてあるかもしれませんがアメリカでもよく使う表現です。条件や相手の提案が合理的、公平だと思えたことに同意するときに使います。

ex. A: Since we can't both work on this at the same time, how about if I work on it on Monday and Wednesday, and you work on it on Tuesday and Thursday?
同時に二人で取り組めないから、私が月水、あなたが火木にやるのはどう？

B: Fair enough.
賛成。

Forget it. ㉕⁰

= **You're welcome.**
なんてことないよ

誰かを助けてあげたときに相手の恩義の気持ちを軽減する「どういたしまして」という意味の表現で、お返しに何かしなければいけないという気持ちを軽くしてあげることができます。"No problem." と同じように使えます。

ex. A: Thank you so much for helping me on Sunday.
日曜日は手伝ってくれてほんとにありがとう。

B: Forget it. I was happy to help.
なんてことないよ。役に立ってよかったよ。

Chapter 5 ほめる 励ます

Give it a shot. (251)

= Make an attempt at it.
やってごらん

"shot"は「試み」という意味。困難なことや課題に直面している人を励ます表現です。成功する可能性に関係なく、時間と労力をかけて試す価値がある、好ましい結果を生むかもしれない、というときに使います。"Take a shot at it."も同じ意味。

ex. A: The job sounds great, but I don't know whether it's worth applying.
すごくよさそうな仕事に思えるけど、申し込むべきかな。

B: Give it a shot. You have nothing to lose by trying.
やってみなよ。トライして失うものは何もないんだから。

Go for it! (252)

= Try your best!
頑張って！

"Give it a try."「頑張れ」、"Aim to win."「勝て」と選手を励ますためにこの半世紀ほどの間にスポーツの試合から生まれた俗語表現でしょう。手強い敵がいたり、状況が厳しいときなどに使います。

ex. A: I found a great job opportunity, but the competition for it is really stiff.
すごくいい仕事の話を見つけたけど、競争がすごく厳しくて。

B: Go for it! You're well-qualified, so they might select you.
頑張りなよ！ あなたは適任だから選ばれるかもよ。

Go to it. 253

= Go ahead.
頑張って

何かをしろと誰かに命令しているように聞こえるかもしれませんが、遠慮したりせずに自分のやりたいことを積極的にやるように励ます表現です。"Go for it." も同じ意味。

ex.
A: Today is the day I'm giving the presentation at the all-staff meeting.
今日は全体ミーティングでプレゼンをすることになってるんだ。

B: Go to it! You practiced well so you will do a great job.
頑張って！ よく練習したから成功するよ。

Good for you! 254

= I'm happy to hear that.
やったね！

"Good job!" "Well done!" と同じく、誰かの身の上に起きたこと、成しとげたことを褒めたり励ましたりする表現です。興味がない話やどうでもいいと思った話に皮肉っぽく使うこともあります。

ex.
A: I got promoted! 昇進したよ！
B: Good for you! やったね！

A: I just won 5,000 bonus points by shooting all the monsters!
《ゲームで》モンスターを全部倒してボーナス5,000点獲得したぞ！

B: Well, good for you. 《皮肉で》そりゃよかったね。

Chapter 5 ほめる 励ます

Good going! ②255

= Good for you!
やったね！

"Good job!" "Well done!" "Congratulations!" "Nice going!" と同じ意味を持つカジュアルな表現です。"going" と現在形ですが、なしとげたことや現在うまくいっていることをほめたり励ましたりするのに使います。誰かが失敗したときに皮肉っぽく言う場合もあります。

ex. A: I came in first place in the 10 km charity run on Sunday.
日曜日に 10 キロのチャリティーマラソンで優勝したんだ。

B: Good going, Julie!
やったね、ジュリー！

Good job! ②256

= Well done!
やったね！

何かをなしとげた人、成功した人をほめるのによく使う表現です。自分や人の失敗について皮肉っぽく言うときにも使います。

ex. A: Guess what, I aced my math test yesterday!
聞いて、昨日の数学のテストで高得点を取ったよ！

B: Good job, John! I know you studied very hard for it.
やったな、ジョン！ 一生懸命勉強してたのを知ってるぞ。

I just spilled some coffee on a report that's due today. Good job!
今日が締め切りのレポートにコーヒーこぼしちゃった。やっちゃった！

Grin and bear it. 257

= Just put up with it.
じっと耐えろ

"grin"は普通、「歯を見せてにっこり笑うこと」。"bear"は「我慢する、耐える」を意味します。そこから、大変な状況や不愉快な状況でも「愚痴を言わず笑って我慢しろ」という意味です。言い換えれば、大変な状況でもユーモアで乗り切りなさいということです。

ex. **I know working with people who have very different work habits is tough, but just grin and bear it.**
仕事のやり方がバラバラの人たちと働くのは大変だと思うけど、笑って我慢するといいよ。

Hang in there! 258

= Don't give up.
頑張れ！／あきらめるな！

木や崖からぶら下がり（hang）、手を離せば落ちてしまうという状況から生まれた表現。今では、試合に負けそうなチームを監督が励ますときなど、大変な状況で「あきらめずに立ち向かえ」という意味で使います。例文はコンピュータープログラムを学ぶのに苦労している同僚に向かって言うようなセリフです。

ex. **Hang in there! It takes us all time to get used to it.**
頑張って！　私たちも慣れるまでに苦労してるから。

Chapter 5 ほめる 励ます

Have a go at it. 259

= Give it a try.
やってみたら

この場合の"go"は「試み、やってみること」という名詞で、"have a go"で「試してみる」という意味です。取りかかりが大変そうなことにトライしようとしている人に使う表現です。

ex. A: I'm wondering whether I should sign up for a class in Italian.
イタリア語の授業を取るべきか迷ってるんだけど。

B: Have a go at it. If you learn a few words and phrases, they would be useful when you travel to Milano.
やってみたら？ いくつか語句を覚えたら、ミラノに旅行するときに便利だよ。

I can live with that. 260

= That's all right with me.
それでいいよ

"I can get used to that."と同じような意味です。望んだ状況ではなかったり、申し分ないとは言えなかったりするものの、許容できることに対して使います。

ex. A: The quality of the images aren't great since they were taken with a camera on a phone.
携帯電話のカメラで撮影したものだから、画像の質はそれほどよくないんだけど。

B: I can live with that.
それでいいよ。

I hear you. 261

= **I understand.**
言いたいことはわかるよ

「言ってることはわかるよ、意味することはわかるよ」の意味です。不満を言っている相手に、口論になるのを避けるために言うことが多い表現です。相手の言っていることは聞こえているけれども同意はしていないときに使うこともあります。

ex. A: I said, I am hungry and want to get something to eat right now!
ねえ、おなかがすいたから今すぐ何か食べたいの！

B: Okay, okay, I hear you. Let's go grab something to eat.
はいはい、わかってるって。何か食べに行こう。

I'll say. 262

= **That is certainly true.**
まったくだ

言われたことに対して強い同意を示す表現です。"I will say the same thing." を縮めた形と言っていいでしょう。とても共感できるので、もう一度言ってもいいくらいだというニュアンスです。不完全な文章に思えるかもしれませんが、この後に単語を続ける必要はありません。

ex. A: That movie was so confusing.
訳のわかんない映画だったな。

B: I'll say! I'll have to watch it again to understand it!
まったくだ！　理解するにはもう一度見ないと！

Chapter 5 ほめる 励ます

I'm all ears. 263

= **I'm listening to you carefully.**
興味津々です/ぜひ聞かせて

「全身耳になっている」、つまり、「話に全身を集中しているのでどうぞ続けてください」という意味の表現です。話し手への関心、内容をもっと聞きたいという意欲を表します。

ex. **A: I just heard some gossip about that pop idol.**
あのポップアイドルのゴシップを聞いたんだけど。

B: I'm all ears.
教えて。

I'm easy. 264

= **That's okay.**
いいよ

友達同士でどのレストランに行くか、何の映画を見に行くかなどを決めるときによく使われる表現です。略さずに言えば、"I'm easy to please."。自分には特に好みはないので相手の選択に何でも従いますと柔軟な態度を示す言い方です。

ex. **A: How about meeting around 11:00?**
待ち合わせ、11時頃はどう?

B: I'm easy.
いいよ。

I'm with you. 265

= I agree with you.
同感です

"I agree with you." "I have the same understanding." と同じ意味で同意や支持を示す表現です。"I'm with you there." "I'm with you on that." という言い方もあります。状況によって、同意や協力、参加の意欲を示すときもあります。

ex. A: I really think we can reduce the time we spend in staff meetings.
スタッフミーティングの時間を削減できると思うんだ。

B: I'm with you a hundred percent. There's a lot of wasted time.
大賛成だよ。時間の無駄がものすごく多いよね。

I've been there. 266

= I know exactly what you mean.
よくわかります

"there"は「相手がいる状況」を指します。相手が言っていることへの同意や共感を表し、相手の経験や感情を自分も理解できるという表現です。"Been there, done that."は「それなら経験した」という意味で、関心のなさを表すネガティブなニュアンスです。

ex. A: I hate presentations because I get nervous every time and forget what I'm supposed to say.
プレゼンなんて大嫌い。毎回緊張して何を言うべきか忘れちゃうんだ。

B: I've been there. We just have to get used to it.
よくわかるよ。慣れが必要だよね。

Chapter 5 ほめる 励ます

Imagine that! (267)

= Really?
本当？

驚いたり感心したりしたことに使います。最初の例文は単にいい意味での驚きや感激を表し、2つ目の例文は、誰かが高級車を見せびらかしていることをどうでもいいと思っているような状況です。

ex.
A: Kenny just found a job! ケニーが就職先を見つけたって！

B: Imagine that! 信じられない！

A: Curtis just drove up in his red roadster.
カーティスが真っ赤なロードスターを運転してたよ。

B: Well, imagine that! へえ、マジで！

It never hurts to ask. (268)

= It is worth trying.
やるだけやってみたら

何かを願っても、相手がこちらの要求に思いどおりに応えてくれない可能性は常にあります。しかし、ダメかもしれないとあれこれ考えるより可能性にかける価値はあります。「聞いてみても失うものは何もない、何かを得られるチャンスもあるかもしれない」というニュアンスを持つ表現です。

ex.
A: Do you think there are any tickets left?
チケットまだあるかな。

B: Probably not, but it never hurts to ask.
ないかもしれないけど聞くだけ聞いてみたら。

It's a close call. ㉖⑨

= It could go either way.
どう転ぶかわからない

野球の試合で判定がぎりぎりのプレーから生まれた表現でしょう。AとBの差がほとんどないことを意味する表現です。選挙で同じくらい有望な候補者や、長所と短所がある契約交渉、賛成と反対が五分五分の状態など、結果がどうなるかわからないことに使います。

ex. A: Do you think we'll win the contract?
私たちが契約を勝ち取ると思う?

B: It's a close call. We'll just have to wait and see.
どう転ぶかわからないね。とにかく成り行きを見よう。

It's a go. ㉗⓪

= It has been approved.
ゴーサインが出た

委員会やCEOから計画の承認が下りたとか、番組やコンサートの準備が完了したときに日本語では「ゴーサインが出た」という言い方をしますが、英語で言うと今回の表現になります。"It's no go." は「続行できない、中止する」という意味です。

ex. A: What is the situation for the picnic tomorrow?
明日のピクニックだけど、どうなってる?

B: It's a go. The weather will be good and we have all the food prepared.
決行だ。天気よさそうだし、料理も準備したよ。

Chapter 5 ほめる 励ます

It's better than nothing. 271

= A little is better than nothing.
しないよりまし

"〜 is better than not having anything at all." 「全然しないより〜のほうがまし」を縮めた言い方です。満足いかない状況や望んでいたことに関して何もしないよりはましというときに使います。

ex. A: Since I'm busy with work, I can only fit about 20 minutes of exercise.
仕事が忙しくてエクササイズの時間が20分くらいしか取れないよ。

B: It's better than nothing. I rarely can squeeze in 10 minutes.
何もしないよりましよ。私は10分取れることもまれだから。

Keep in there. 272

= Keep trying.
頑張れ

日本語を学ぶ外国人が最初に覚える日本語の一つは日本人の国民性と言えるかもしれない「頑張って」という言葉です。英語にも同じことを表す表現がいくつもあります。今回の表現もその一つ。"Stay in there." "Keep at it." "Stay at it." "Don't give up." "Don't drop out of the struggle." "Don't lose heart." もすべて同じ意味です。

ex. Keep in there. Solutions take time.
頑張って。解決には時間がかかるから。

Keep it up!

= Continue the way you're doing!
その調子で頑張って！

何かを成功させている相手にさらに励ましとして使う表現です。「うまくやっているね、このまま続けて」という意味です。

"Keep up the good work." も同じ意味。いずれも、上司から部下に、あるいは友達同士でも使います。

ex.
A: I've brought you some cookies I baked.
　自分で焼いたクッキーを持ってきたんだけど。

B: Wow, these are great! Keep it up!
　うわっ、すごくおいしいよ！　この調子！

Lighten up.

= Don't take things so seriously.
気楽に行こうよ／元気出して

"lighten" は「明るくする、荷や負担を軽くする」の意味。ここでは両方の意味で、相手の緊張をほぐしたり、落ち着かせたりしてもっと気楽に考えるように励ます表現です。「元気になる」という意味でも使います。

ex.
A: I can't believe this is all happening to me.
　こんなことが自分の身に起こるなんて信じられない。

B: Lighten up. You're making things too hard on yourself.
　気楽に考えたら。自分に厳しすぎるよ。

Chapter 5　ほめる　励ます

More power to you! 275

= ❶ Good for you!　❷ My best wishes to you.
❶よかったね！　❷頑張って

①は、大変なことをなしとげた人をほめて"Congratulations!"「おめでとう！」、"Well done!"「やったね！」の意味で使います。②は、一生懸命に準備してきた人がうまくいくように励ます表現です。

ex. **A: I finally quit that terrible job!**
あのひどい仕事やっと辞めたよ！

B: More power to you!　よかったね！

More power to you!　I hope you pass the exam.
頑張って！　試験に受かるといいね。

No two ways about it. 276

= There is no room to disagree.
議論の余地はない

省略せずに言えば"There are no two ways about it."（直訳＝それについて二つの方法はない）。つまり、「不一致の余地はない」。自分の発言に間違いはないと強調する働きもあります。

ex. **A: Vienna is the most amazing city in the world!**
ウィーンは世界一おもしろい街だ！

B: No two ways about it!　議論の余地はないね！

My university years were a really significant period in my life.　No two ways about it!
大学時代は私の人生において重要な時期だった。議論の余地はない！

Now, now. ㉗

= **Don't worry.**
まあまあ

相手を慰めたり落ち着かせたりするときに使う表現。通常は、その後に励ましの言葉を続けます。穏やかな注意や提案、理解を促すようなひと言を添えることもあります。

ex. A: **I am stressed out because I have so much to do before the meeting tomorrow.**
明日の会議までにやることがいっぱいあってぐったり。

B: **Now, now, calm down. You can only do one thing at a time.**
まあまあ落ち着いてよ。一度に一つしかできないんだから。

Practice makes perfect. ㉘

= **Practice is important.**
習うより慣れろ

勉強したり本で読んだりするより実践で学ぶほうが身につくことはあります。これは、練習すればもっとうまくなると励ます表現です。"perfect"は「うまくやること」を意味します。

ex. **If you want to learn to speak English, don't be shy or afraid to make mistakes. Talk to as many people as you can. Practice makes perfect.**
英語を話せるようになりたければ、恥ずかしがらずにミスを犯すことを恐れないこと。できるだけたくさんの人に話しかけること。習うより慣れろだよ。

161

Chapter 5　ほめる　励ます

Pull yourself together. (279)

= Calm down.
落ち着いて

ピリピリしていたり、取り乱したりしている人に使う表現。必要な行動を起こすために自制心を取り戻すよう励ますときに使います。

ex.
A: Oh, I made a fool out of myself by walking around with the price tag sticking out of my T-shirt!
どうしよう。Tシャツに値札をつけたまま出歩いちゃった!

B: Pull yourself together. Even if people noticed it, it's not the end of the world.
落ち着いてよ。気づいた人がいたとしても、それで世界が終わるわけじゃないんだから。

(The) same here. (280)

= I agree.
同感だ

"I feel the same way."「同じ気持ちです」、"I agree." と同じ意味の口語表現です。"Me, too."「こちらこそ」という意味でも使います。

ex.
A: I'm tired of living in a small town.
小さい町に住むのに飽きてきて。

B: Same here. I want to live in a place that is exciting.
同感だよ。刺激があるところに住みたいな。

A: Nice to meet you.　はじめまして。

B: Same here.　こちらこそ。

Say no more. ②81

= **I understand your request.**
わかってるって

相手が話していることや依頼、提案を十分承知しているので、それ以上詳しく言う必要はないということを示す表現です。相手の意図を察して、"Be my guest." 「ご遠慮なく」、"Don't worry about it." 「大丈夫」、"I'll take care of it." 「任せて」の意味でも使います。

ex. **A: You know that form we have to submit to the tax department...**
税務署に提出しなきゃいけないあの書類は……。

B: Say no more. I'll get it done by tomorrow!
わかってるって。明日までにやっておくから！

Shoot. ②82

= **Go ahead and ask.**
言ってごらん

「ちょっと質問してもいいですか？」と聞かれて、喜んで答える準備ができているときにこう答えます。「答える準備はできていますよ。だから何でも好きなことを聞いてください」の意味です。"Fire away." も同じ意味で使えます。
ちなみに、"Shit!" 「クソ！ しまった！」の婉曲表現としても使います。

ex. **A: I have a few questions.**
いくつか質問があるんですが。

B: Shoot. どうぞ。

Chapter 5 ほめる 励ます

Snap out of it. (283)

= Cheer up, will you?
元気出して

落ち込んでいる相手を励ます表現です。"Break out of the blues and cheer up a little." 「憂鬱な気分から脱して少し元気になって」という意味です。会議中などに集中力をなくしてぼんやりしている相手に「しっかりしろ」という意味で使うこともあります。

ex.

A: I feel so blue over breaking up with Bob.
ボブと別れてから落ち込んでるの。

B: Julie, snap out of it! There are a lot of better guys than Bob in the world!
ジュリー、元気出して！ ボブよりいい男なんて世界中に山ほどいるから！

Sounds good (to me). (284)

= I like that.
いいねえ

"It sounds good to me." も同じ意味。いずれも、興味をそそられ、参加したいと思うこと、ポジティブな返事として使います。誰かの話やテレビのコマーシャルで聞いたことや、雑誌、旅行ガイドで読んだことなどについては、"seem"「～に思える」より"sound"「～に聞こえる」を使うケースが多いです。

ex.

A: Want to try that new pizza shop for lunch?
新しくできたピザ屋にお昼を食べに行きたいと思わない？

B: Sounds good to me.
いいねえ。

Stick with it. ㊈

= **Don't give up.**
あきらめるな

困難な課題や大変なことに直面したときに成功するコツはあきらめずに続けることです。それが今回の表現。相手が困難を克服できることを期待して、やり続けるように励ます表現です。"stick"には「くっつく、信念などを貫く」という意味があります。

ex.
A: I hear your job is quite challenging.
仕事、かなり大変なんだってね。
B: Yes, but I'm determined to stick with it for at least a year.
そうなんだ、でも最低1年はあきらめずに頑張ることにしたよ。

Suit yourself. ㊈

= **Do as you wish.**
好きにしていいよ

「どうぞ好きなようになさってください」と礼儀正しく思いやりを表した表現です。イントネーションや表情次第で「勝手にどうぞ」といやみっぽいニュアンスも生まれますが、たいていの場合は「そちらの都合に合わせます」と柔軟性を示す表現として使われます。

ex.
A: Shall we meet on Friday night or Saturday night?
金曜の夜か土曜の夜に会わない?
B: Suit yourself. I'm okay either way.
好きにしていいよ。どちらでも構わないから。

Chapter 5 ほめる 励ます

Suits me (fine). 287

= **That is completely acceptable.**
いいよ

略さずに言えば "That / It suits me fine."。同意を示す表現です。動詞の "suit" は「特定の人や状況に都合がいい」という意味です。"Suits me fine." のほうがよりポジティブな意味を表します。

ex.
A: If you do this half, I'll do the other half.
半分やってくれたら残りの半分をやるよ。
B: Suits me fine. いいよ。
A: How about meeting here at 8:00 a.m.?
ここで朝8時に会わない?
B: Suits me. いいよ。

Take my word for it. 288

= **Believe me.**
信じてよ

ここでの "take" は "believe"「信じる」の意味。"(You can) take my words as the truth."「私の言葉を本当だと信じて」、"(You can) believe/trust in me."「信用して」という意味です。"I give you my word." も同じ意味です。何かを保証、確約する言い方です。

ex.
A: Are you sure that it's going to rain today?
今日、本当に雨降るの?
B: Take my word for it.
信じていいよ。

Talk about luck! ②89

= This is really lucky!
なんてツイてるんだろう！

「幸運についての話」をしているわけではなく、極めて大きな幸運に恵まれたことを強調する表現です。

ex. **A: Why are you smiling so happily?**
なんでそんなにニコニコしてるの？

B: Talk about luck! The lottery ticket I bought was a winner! I won ¥1,000,000!
超ラッキーなんだ！ 買ってた宝くじが当たったんだ！ 100万円当たったんだよ！

Thank goodness! ②90

= That's fortunate!
よかった！

自分にとって都合よく事が運んだときや、何かうれしいことが起きたときに安堵して、ため息をつきながら言うような表現です。"Thank God!" の婉曲表現。"Thank heavens!" も同じ意味です。

ex. **A: Are we going to be late for our meeting?**
会議に遅れそう？

B: We still have 10 minutes so we're safe.
あと10分あるよ。だから間に合う。

A: Thank goodness! よかった！

Chapter 5 ほめる 励ます

That beats everything. 291

= **That's hard to believe.**
驚いた

直訳すれば、「それはすべてを打ち負かす」。つまり「ほかのすべてに勝るほど驚いた」。何かに驚いたとき、信じられないようなことに出合ったときに使います。"I can't believe it." 「信じられない」、"I've never heard (seen) it before." 「前代未聞だ」と同じ意味です。

ex. **A: Did you know that the chef at this French restaurant used to be a professional wrestler?**
このフランス料理のお店のシェフ、前はプロレスラーだって知ってた？

B: Wow, that beats everything!
嘘！ 信じられない！

That does the trick. 292

= **That solves the problem.**
それはいい

19世紀から使われるようになった表現で、"trick"は「何かを成功させるコツ」を意味します。"do a trick"は「手品をする」、"turn a trick"は「売春婦が客を取る」の意味なので注意してください。

ex. **A: I've asked Jenny to do the graphics and I'll do the written parts.**
グラフィックはジェニーに頼んだから原稿は私が書くよ。

B: That does the trick. You're the best at writing, and her visuals are always great.
それはいいね。君は文章がうまいし、彼女のデザインはいつもすごいから。

That takes the cake. 293

= That's really good.
最高だ

"take the cake"は「優勝する」の意味。そこから今回の表現は「最高だ」という意味を表します。19世紀半ば、アメリカ南部の黒人社会でよく行われていた歩き方を競うコンテストで優勝商品がケーキだったことから生まれた表現です。皮肉で「最低だ」という意味で使うこともあり、どちらの意味かは状況によります。

ex. **I have been in this job thirty years, but this has never happened. This takes the cake.**
この仕事に就いて30年になるけどこんなこと初めてだ。最高だな。

That's hard to take. 294

= That's difficult to endure.
それは受け入れがたいね

誰かの横柄な態度や批判、突然のがっかりするようなニュース、過酷な状況に直面したときに使える便利な表現です。うらやましいような状況に対していやみっぽく言うこともあります。

ex. **A: My supervisor criticizes me all day long.**
上司が一日中、私にけちをつけてくるんだよね。

B: That's hard to take. Have you thought of looking for a better place to work?
それは我慢できないね。もっといい職を探したら？

Chapter 5 ほめる 励ます

That's more like it. 295

= **That's a better way.**
そっちのほうがいい

"That's better." と同じ意味。何かについて話し合っているときに、誰かが最初の案よりいい案を考えついたときに言う表現です。

ex. A: How about having fish for supper tonight?
今夜は魚料理はいかがですか？

B: Hmm, are there other options? うーん、ほかには何か？

A: How about pork, then? では豚肉は？

B: That's more like it! そっちのほうがいい！

That's the stuff! 296

= **That's the right attitude (or action).**
それはいいね！

正しいこと、よいことを表す同意の表現。"That's it!" "That's great!" も同じ意味です。この場合の "stuff" は「素質」を表します。トム・ウルフの小説のタイトルにも使われた "the right stuff" といえば（この小説のタイトルが起源ではありません）「必要な特質」を表します。

ex. A: I recently started jogging before going to work in the morning.
最近、朝、仕事に行く前にジョギングを始めたんだ。

B: That's the stuff! それはいいね！

That's the way it goes. 297

= **That's the way life goes.**
なるようにしかならないよ

人生では何もかも思いどおりにいくとは限りません。試合に負けることもあれば、試験に落ちることもある、友達とうまくいかないこともあります。そんなあらゆるツイていない状況について「世の中とはそうしたものだ」という意味で使う表現です。

ex.
A: We did our best, but we just couldn't stop them.
ベストを尽くしたけどどうしてもあいつらを止められなかったな。
B: That's the way it goes. Maybe we can do better in the next game.
仕方ない。次の試合ではうまくやれるかも。

There you go! 298

= **❶ Here you are. ❷ That's the way!**
❶ はいどうぞ ❷ いいぞ！

①は誰かに何かを手渡すときの表現。この"go"に「行く」という意味はありません。②は、適切な方法で何かを始めた人をほめたたえる表現です。たとえばバスケットボールをやったことのない人がついにシュートを決めたら、そのまま練習を続けるように励まして例文のように言うことができます。

ex.
There you go! That's the way to shoot!
そうだ！　それがシュートのやり方だ！

Chapter 5　ほめる　励ます

Things will work out. ⑨

= Things will improve.
なんとかなるよ

"work out" は「うまくいく、解決する」の意味。そこから、今回の表現は誰かの不安を和らげ、励ますために使い、頑張っている人に気遣いを示す表現です。

ex.
A: I'm so stressed out about all that's happening.
いろんなことが起きてすごくストレス。

B: Take it easy. Things will work out.
あせらずにね。なんとかなるって。

Way to go! ⑩

= Well done!
よくやった！

おそらくスポーツ選手に向けた表現が由来と思われますが、今では一般的に使われるようになりました。"That's the way to go!" と同じく、いい仕事を続けている人を励ますときに使います。ミスをしたときに自虐気味に使うこともあります。

ex.
Warren has finally fixed the printer! Way to go!
ウォレンがやっとプリンターを修理してくれたぞ、やったな！

Way to go! Now I have to do it all over again.
やっちゃった！　最初から全部やり直さないと。

Will do. (301)

= I'll do that.
そうします

提案や依頼を肯定する回答です。略さずに言えば、"I will do (something)." 「(それを) やりますよ」。軍隊の中で使われていた "I will do that." 「やります」、"I will do as requested." 「要求されたとおりにやります」から生まれた表現だと言われています。

ex. A: Would you please pick up the dry cleaning on your way back home?
帰る途中でクリーニングを取りに行ってもらえる?

B: Sure, will do.
もちろん、いいよ。

Works for me. (302)

= That's fine with me.
それで結構です

"work" にはさまざまな意味がありますが、ここでは「合う、機能する」の意味。"That suits me (fine)." も同じ意味を持つ表現です。何かが合うかどうかという質問に答えたり、提案への同意を示す言い回しです。主語の "It" や "That" は省略します。

ex. A: I'm thinking about ordering pizza for supper tonight.
今日の夕食はピザを注文しようと思うんだけど。

B: Works for me.
いいよ。

Chapter 5 ほめる 励ます

You are something else. 303

= ① You're amazing. ② You're hopeless.
① 大したもんだ ② どうしようもないな

ほかの人よりも抜きん出た技量や資質を持つ人に対して使います。"You are amazing!"も同じ意味。場合によっては「あきれちゃうね」とネガティブな意味で使うこともあります。

ex.
A: I had a great idea for a product, so I knocked on the door of the manager to present my ideas to him.
商品についてすごいアイデアを思いついたから部長の部屋のドアをたたいて自分の案を伝えてきたよ。

B: You are something else. I would never have the nerve to do that!
大したもんだな。そんな度胸、自分にはないよ!

You can say that again. 304

= That is certainly true.
言えてる

もう一度言ってくれと頼んでいるわけではありません。"That is true."「そのとおり」、"You are correct."「あなたの言うとおり」の意味で、あなたが言っていることはあまりに真実なので何度言ってもいい、という意味の表現なのです。"You said it!"と言うこともできます。"that"にアクセントを置いて発音します。

ex.
A: It sure is hot today.
今日はほんとに暑いね。

B: You can say that again!
言えてる!

You got it!

= ❶ That's right. ❷ I'll do it.
❶ そのとおり　❷ わかりました

状況によって2とおりの意味がありますが、どちらも相手の言ったことに対するポジティブな反応です。①は相手の発言や理解が正しいと認めるときに使い、"That's right." と同じ意味。②はレストランでお客からの注文などに対して使います。

ex. A: I think that the pink scarf would match the outfit better than the orange one.
ピンクのスカーフのほうがオレンジのよりその服に合うと思うけど。

B: You got it!
そうだね！

You said it!

= I strongly agree.
そのとおり

"You said exactly what I think/I was going to say." 「あなたが言ったことはまさに私が思うこと／私が言おうとしていたことです」という意味を持つ、共感を示す表現。"You can say that again." も同じ意味です。

ex. A: He was the best of all the competitors.
彼が参加者全員の中で一番よかった。

B: You said it, Jason! His performance was outstanding.
そのとおりだよ、ジェイソン！　彼の出来は際立っていたね。

Chapter 5 ほめる 励ます

You'd better believe it! 307

= It's the truth.
本当だって！

びっくりする情報や知らせを伝えたときに、"Are you kidding me?"「冗談でしょ？」と言われたり、信じられないという反応を受けたりすることは少なくありません。そんなときに、「間違いなく本当だ」と強調する表現です。

ex. **A: Karen was accepted by Harvard? You're kidding, right?**
カレンがハーバード大学に受かったんだって？　嘘でしょ？

B: You'd better believe it. She even showed me her acceptance letter.
本当だって。合格通知も見せてくれたよ。

You'll get the hang of it. 308

= You'll learn how to do it.
そのうちコツがわかるさ

何かをなしとげるのに苦労している人に向かって言うセリフです。"You will soon be able to do it."「すぐにできるようになる」と同じことです。ここでの "hang" は「テクニック、コツ」の意味。

ex. **A: Sewing buttons on neatly is harder than I thought.**
ボタンをきれいに縫いつけるの、思ったより難しいな。

B: Just keep trying and you'll get the hang of it.
あきらめずにやってればコツがわかってくるよ。

Chapter 6

Speaking unfavorably Complaining

けなす 文句を言う

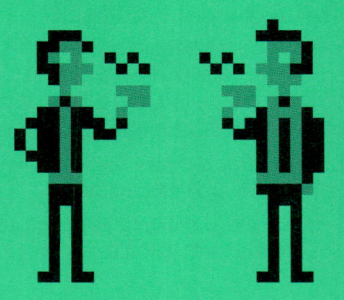

Chapter 6 けなす 文句を言う

All right already!

= Okay! Okay!
もうわかったよ！

「いいよ」と言っているのではなく、渋々同意する表現です。上司に対しては使いません。仕事が忙しいときに同僚からしつこくランチに誘われ、断るのが面倒だと思ったら、1つ目の例文のように言います。誰かにしつこく何かを任されそうになり、ついに折れたときは2つ目の例文が使えます。

ex. **All right already! I'll join you.**
もうわかったよ！　一緒に行く。

All right already! I'll do it.
わかったよ！　私がやるよ。

As if!

= That is not realistic.
ありえない

現実味のないことを言われたときに "as if that were true"「本当とは思えない」、"I don't believe that."「信じられない」という意味で皮肉っぽく使います。うんざりしたようなニュアンスを持つので、誰かに向かって直接使うときは注意が必要です。

ex. **A: So what did your ex-boyfriend say to you?**
で、元カレに何て言われたの？

B: He said we should get back together. As if!
やり直そうって。ありえない！

Come off it!

= **❶ Quit lying.** **❷ Quit acting foolishly.**
❶嘘言わないで　❷いいかげんにして

2つの意味を持つ俗語表現です。①については1つ目の例文、②については2つ目の例文を見てください。

ex. Come off it! You know she sings well. You're just jealous.
嘘言わないで。彼女が歌がうまいことを知ってるくせに。ねたんでるだけでしょ。

Come off it, Joe! You were the last one to use it.
《プリンターの紙づまりについて知らないと言い張る相手に》いいかげんにしてよジョー！　最後に使ったのはあなたでしょ。

Cut me some slack.

= **I'm under too much pressure.**
勘弁してよ

"slack"は「（船のロープなどの張りを）緩ませる」こと。そこから"cut ～ some slack"は「～を大目に見てやる、～に理解を示す」という意味を表す口語表現として使われるようになりました。

ex. A: Wally, can you help Luke with the pamphlet layout?
ウォリー、パンフレットのレイアウトの件でルークを手伝える？

B: Cut me some slack. I'm already overloaded with these advertising layouts.
勘弁してよ。この広告のレイアウトでもう手いっぱいなんだから。

Chapter 6 けなす 文句を言う

Could be better. 313

= Things aren't perfect.
いまいちだ

"Something could be better than the current situation."「現状はそれほどよくない」を縮めた言い方。相手に気を配ってはいるものの、ネガティブな反応です。改善される余地はあるがまだそこまでいっていないというニュアンスです。

ex.
A: Long time, no see. How are things going? 久しぶり。元気?
B: Things could be better. いまいちだね。
A: How is the weather in Hawaii? ハワイの天気はどう?
B: Could be better. It's been cloudy. いまいち。ずっと曇りだよ。

Count your blessings. 314

= Appreciate what you have.
悪いことばかりじゃないよ

自分が持っていないものや運のなさに不満をもらしている相手に、どれほど恵まれているかを見直してみるように伝える表現です。直訳すれば「天の恵み (blessings) を数えてみなさい」の意味。

ex.
A: I'm so busy at the office that I don't have time for anything else!
仕事が忙しくて、ほかのことをする暇がない!
B: Count your blessings. You have a job. You have good health. And you have lots of friends.
悪いことばかりじゃないよ。仕事はあるし、健康だし。友達にもたくさん恵まれているんだから。

Don't be too sure.

= I don't agree.
そりゃどうかな

根拠のない断言に対して「過信しないほうがいい」という意味で警告したり、同意できないと主張したりするときの表現です。誰かが危なっかしいほど楽天的に見えたり、根拠もないのにたやすく成功すると考えているような場面で使います。

ex. **A: Jill asked to talk about something. I think she's going to ask me out.**
ジルが俺に話があるって。デートの誘いかな。

B: Don't be too sure. Maybe she just wanted some business advice.
そりゃどうかな。仕事のアドバイスが欲しいだけかも。

Don't get any ideas!

= Don't start scheming!
変な気を起こさないで！

ある状況に乗じて何かをしないようにクギを差す表現です。1つ目の例文は3ヵ月間フランスに行く女性が彼氏に、2つ目の例文は学校帰りに子犬を拾ってきた子どもに親が言うようなセリフです。

ex. **Don't get any ideas! Just because I'll be gone doesn't mean you can date other girls.**
変な気を起こさないでね！ 私がいないからって浮気していいわけじゃないんだから。

Don't get any ideas! We don't have room in this apartment to keep a dog!
変な気を起こさないで！ このアパートのどこで犬を飼えるっていうの。

Chapter 6　けなす　文句を言う

Don't give me that!

= Don't talk nonsense to me.
何言ってんだよ

"that"は相手の言い訳や状況説明を指します。相手が言っていることが信じられないと思ったときに使う表現です。

ex.
A: Oh, sorry I didn't call you back. I was busy all day yesterday.
ああごめん。電話をかけ直さなくて。昨日はずっと忙しくて。

B: Don't give me that! Why don't you just admit that you forgot to call me?
何言ってんだよ！　電話するのを忘れていたんだろ？

Don't I know it!

= I understand that very well.
百も承知だよ

"I know it very well!"「そのことなら十分知ってるよ！」を強めた言い回しです。好きだった相手が自分を好きじゃないことがわかり、付き合っている人がいるとわかったときは1つ目の例文のように、つらい仕事をしているときは2つ目の例文のように言います。

ex. I've been a fool and don't I know it.
確かにばかだったなあ。こんなことよくわかっていたのに。

Don't I know it! If I could find a better job, I would take it in a split second.
百も承知だよ！　もっといい仕事があればすぐにやるのに。

Don't speak too soon.

= You may be wrong.
早合点しないで

何かを吟味せず、根拠もなく早急に結論を出す人に対して、早合点しないほうがいいとたしなめる表現です。"Don't jump the gun."も同じ意味で使えます。

ex. A: My new job is easy, because all I did today was attend a few meetings.
今度の仕事は楽勝だよ、今日は会議にいくつか出るだけでよかった。

B: Don't speak too soon. This is just the beginning.
そう言うのはまだ早いよ。まだ始まったばかりじゃないの。

Don't waste your breath.

= No one will listen to you.
ダメなものはダメ

息を"save"「取っておく」、"not waste"「無駄にしない」という表現が生まれたのは16世紀です。"Don't waste your breath."で「言っても無駄、誰もあなたの言うことには耳を傾けない」の意味。"Save your breath."も「わざわざそんなことを言うな」。主張するのが遅すぎてもう状況は変わらないというニュアンスです。

ex. A: I think the car is too expensive. あの車は高すぎると思うけど。

B: Don't waste your breath. I've already made up my mind to buy it.
今さら言っても無駄だよ。もう、買うことにしたの。

Chapter 6 けなす 文句を言う

Dream on! 〔321〕

= That's completely unrealistic.
何寝ぼけたこと言ってるの

どれだけ願っても到底起こりそうにないことを願っている相手に言う表現です。どんな状況でも実現しない、非現実的だと思っていることを伝える言い回しです。

ex. **A: I can just see myself in Paris—my own apartment, a great job, a handsome boyfriend.**
パリにいる自分が見えるな。自分のアパートがあって、仕事に恵まれて、ハンサムな彼氏もいて。

B: Dream on!
勝手に言ってれば！

Enough is enough! 〔322〕

= There is no need to do or say more.
もうたくさん

うんざりすることをさんざん我慢してやったとき、嫌なことを聞かされたときに、これ以上はもう嫌だと比較的強い言葉で伝える言い回しです。たとえば連続して休日出勤せざるを得なかったときには例文のように言います。しかし、どちらかと言えば、上司本人にではなく、友達に言うことのほうが多いかもしれません。

ex. **I've already given up three Saturdays. Enough is enough!**
3週続けて土曜日を（仕事で）あきらめた。もうたくさんだ！

Famous last words. ③23

= I don't believe that will happen.
それはどうかな

　根拠や確実性のないことを自信たっぷりに、あるいは夢見がちに言っている相手に皮肉っぽく言う表現。歴史上の人物による「これはすべての戦争に終わりを告げる戦争である」「もう二度と同じことは起こらない」といった「臨終の名言集」(famous last words) の内容が現実的ではないことから生まれた表現です。

ex. **A: I'm going to start working out 4 times a week.**
週に４回運動することにするよ。

B: Famous last words!
口ばっかり！

For crying out loud! ③24

= What?!
何だって！

　驚きやショック、不満と同時にいらだたしさやフラストレーションを表す表現です。"For God's/ heaven's/ goodness sake." も同じ意味。

ex. **A: Can you get me the remote control?** リモコン取ってくれない？

B: For crying out loud! Can't you see I'm in the middle of washing dishes?
何ですって！ 今お皿を洗っているのがわからないの？

A: I can't believe he dumped Julia. 彼がジュリアを振ったなんて。

B: For crying out loud! Would you stop talking about it all the time?
もう何なの！ いいかげん、その話やめてくれない？

Chapter 6 けなす 文句を言う

For Pete's sake! ③²⁵

= I don't believe this!
信じられない！

"For Christ's/ God's sake"の婉曲表現で、フラストレーション、不満、不愉快な驚きを表します。"Pete"は"Saint Peter"聖ペテロから来ているという説もあれば、同じ意味で発音が似ている"For pity's sake"から来ているという説もあります。

ex. **A: That rude customer called to complain again.**
あの失礼な客、またクレームの電話をかけてきたよ。

B: For Pete's sake! How many times do we have to go through this?
何だって！　もう何度目になるんだよ。

Get a grip. ③²⁶

= Calm down.
落ち着いて

"get a grip on yourself"を縮めた表現で、"get hold of yourself"と同じく、「落ち着いて」という意味です。友達が彼氏との関係を心配して取り乱していたら例文のように言うことができます。

ex. **A: He'll never forgive me! He'll break up with me!**
彼、絶対に許してくれないよ！　別れることになるかも！

B: Get a grip. Tell him you're sorry, and he's bound to forgive you.
落ち着いてよ。謝れば許してくれるって。

Get a life!

= Stop acting so foolishly.
いいかげんにして！

①「バカげたことをやめて」、②「つまらないことで煩わせないで」という2とおりのニュアンスを持つ表現です。

ex.
A: They're planning to marry on June 4th. Can you belief that? That day is a Monday!
彼ら7月4日に結婚式を予定してるけど、信じられるか？ その日は月曜日だぜ！

B: It's their wedding. What difference does it make to you? Get a life!
あの人たちの結婚式なんだから。あなたに何の関係があるの？ いいかげんにしてよ！

Get off my back!

= Stop pestering me.
ほっといて／邪魔しないで

背中に誰かが重みをかけているようなイメージを持つ表現です。仕事や周囲からのプレッシャー、イライラさせられること、何かについてガミガミいう人から受ける「負担」を拒絶する言い方です。

ex.
A: Can't you finish that job an hour earlier?
1時間早くその仕事終わらせることできない？

B: Get off my back! I'm working as fast as I possibly can.
邪魔しないでよ！ できるだけ早くやってるんだから。

Chapter 6 けなす 文句を言う

Get real. ㉘

= **Get serious!**
冗談言わないで

"Get realistic." "Get serious." と同じ意味です。不信を表し、現実に向き合って、もうふざけるのをやめるように伝える表現です。自分自身に向かって、夢のようなことを考えるのをやめて現実を受け入れろと言うときにも使います。

ex. **A: You can definitely become a professional singer.**
君は間違いなくプロの歌手になれるよ。

B: Me? A singer? Get real!
私が？ 歌手に？ 冗談やめて！

Get your act together. ㉚

= **Put your abilities to better use.**
しっかりしろよ

日常生活を人が役割を "act"「演じている」ドラマだと考えれば、この表現はわかりやすいかもしれません。自分の「演技力」をもっと有効に活用しろという意味から、身辺を整理したり、きちんとした生き方を送ったりするように人にアドバイスする表現です。

ex. **A: I don't want to go to work today.** 今日は仕事に行きたくない。

B: Get your act together! You can't just lie around the house watching TV all the time!
しっかりしてよ！ ずっと家の中でテレビを見ながらゴロゴロしているわけにはいかないんだから。

Gimme a break! (331)

= ❶ Stop kidding me. ❷ Stop bothering me.
❶ からかわないで　❷ いいかげんにして

　"Gimme"は"give me"を縮めた表現で「ギムミ」のように発音します。"Cut me a break."も同じ意味。信じられないことを言われたときに「冗談言わないで」、しつこく繰り返される不愉快なことにうんざりして「やめて」と頼むときに使います。口調を変えて「もう一度チャンスをくれ」と頼む使い方もあります。

> **ex.** **A: Cheryl, we're going to drop you from the volleyball team.**
> シェリル、君をバレーボールのチームからはずすよ。
> **B: Oh, gimme a break!**
> そんな、もう一度やらせてください！

Go figure. (332)

= It's puzzling to me.
信じられない

　"figure 〜 out"「（考えた末にわからないことが）わかる」というイディオムから来ている表現。"I find this puzzling."「これは不可解だ」、つまり、「自分にはわからないから、あなたが考えてみてよ」というニュアンスを持ちます。

> **ex.** **A: Grace and Henry just announced they are engaged!**
> グレイスとヘンリーが婚約したって！
> **B: Those two? They don't have anything in common. Go figure.**
> あの2人が？　何の共通点もないのに。信じられない。

189

Chapter 6　けなす　文句を言う

Good grief. (333)

おやまあ／あきれた／やれやれ

"good God"の婉曲表現。漫画『ピーナッツ』で主人公のチャーリー・ブラウンに対してよく使われた言い回しです。驚き、落胆などを表します。大きな音を聞いたときに"Good grief! What was that?"「おいおい！　何だろう？」と言うこともあります。追加で仕事を頼まれたら例文のように言うことができます。

ex. Good grief. I'm already swamped with work. I can't possibly do any more.
やれやれ。この仕事でいっぱいいっぱいなのに。これ以上は無理だよ。

Good luck with that. (334)

= I'm pessimistic about that.
せいぜい祈ってるよ

日本人はよく人を励ますときに「頑張って」と言いますが、英語では"Good luck!"と言います。しかし、今回の表現は、状況が好転するとは思えないという皮肉が込められた言い回しです。つまり、その結果に対する悲観的な見方を示した表現です。

ex. A: I'm going to ask our supervisor for an extra person to help us.
上司に助っ人を送ってもらうよう頼んでみるつもりなんだけど。
B: Good luck with that.
せいぜい頑張って。

Good riddance! 335

= I'm glad someone / something is gone.
せいせいした

　由来はチャールズ・ディケンズの"A good riddance of bad rubbish."「厄介払いしてせいせいした」。現在は"good riddance"だけで使うことが多く、「望まないものや人がやっと消えてくれてうれしい」という意味で使います。人に対して使うときは「あなたなんて必要としていない。いなくなってくれてうれしい」の意味。その場にいない人に関して使うことが多いでしょう。

> **ex.** **Brett is quitting? Good riddance. I never got along with that guy.**
> ブレット、辞めるの？　せいせいする。彼とはうまが合わなかったの。

Goodness gracious. 336

これはこれは／おやまあ

　"Goodness"は"God"の婉曲表現なので、"Oh, my God."「おやまあ」と同じような意味です。起こったことに対する単なる驚きから怒り、困惑まで、さまざまな感情を表します。ダブルブッキングしたことに気づいたとか、地震の後に会社に行き、本や書類が床に散乱しているのを発見したとか、さまざまな場面で使います。

> **ex.** **A: I'm home!**
> 　　ただいま！
> **B: Goodness gracious! You're soaking wet.**
> 　　まあ！　びしょぬれじゃないの。

Chapter 6 けなす 文句を言う

Have it your way. (337)

= Do as you wish.
お好きなように／勝手にしたら

皮肉っぽく言う表現は多いですが、これも「お好きなように」といらだたしい気持ちを表しながら使う表現です。好きなようにしていいけれどもその結果は覚悟しておくべきだというニュアンスがあります。相手とのそれ以上の議論を避けるために言うときもあります。

ex.
A: We should get the blue carpet to match the color of the walls.
壁の色に合わせるために青いカーペットを買うべきだよ。

B: Fine, have it your way.
いいよ、もう好きにすれば。

How could you? (338)

= Why did you do that?
よくもそんなことができたな

"How could you do such a thing?"「どうしてそんなことができたんだ？」を縮めた言い方。返事を求めているのではなく、相手の言動が不適切に思えて、あきれたり怒りを表したりする言い方です。

ex.
A: I couldn't resist buying this new bag.
この新しいバッグ、買わずにいられなかったんだ。

B: How could you? I thought we were going to save money for our vacation.
どうしてそんなことが？ 休暇のために貯金しようと思っていたのに。

I couldn't care less.

= It does not matter to me.
どうでもいいよ

"I care."は「気にする」。"I couldn't care less."（lessにアクセントを置きます）は「どっちでも私には関係ない」の意味で、"less"は否定の語の後で「なおさら」と強調する意味を持ちます。きつい表現なので、人に対して使うときは普通直接言うことはなく、その場にいないどうでもよいと思っている相手に使います。

ex. A: Yuri isn't coming to work today. ユリは今日休みだって。
B: I couldn't care less. She isn't much help even when she does come.
別にいいよ。来ても大して役に立たないんだから。

I don't buy that.

= I don't think that is true.
それはどうかな

この場合の"buy"は「それが真実だと信じる、何かに賛成する」という比喩的な意味。"I don't buy that."と否定形で使うことで「それが真実とは思えない」という意味になります。

ex. A: Kevin said he could do the job.
ケビンが自分ならできると言ってたよ。
B: I don't buy that. He doesn't have the right experience for the job.
それはどうかな。あの仕事に適した経験が彼にはないよ。

Chapter 6 けなす 文句を言う

I don't mean maybe. 341

= I'm serious.
本気だよ

自分が言ったことは本当だと強調するとき、上司が部下に指示をする際など、権威を示すときなどに使います。

ex.
A: Karen has a new job? Are you kidding?
カレンが就職したって？ 嘘でしょ？

B: I don't mean maybe. I heard it from her directly.
嘘じゃないよ。本人から直接聞いたんだから。

I want this job finished today. And I don't mean maybe!
この仕事は今日中に終わらせてちょうだい。猶予はなし！

I don't stand a chance. 342

= I can't get it.
見込みはないな

"stand a chance (of [〜ing] …)"で「(…を〜なしとげる) 可能性がある」の意味。"She stands a chance of getting the job."は、うまくいくかは疑問ですが、「彼女はあの仕事に就く候補者になる可能性はある」というニュアンスです。"I don't stand a chance."は自分が成功するかわからないという自己評価を表します。"Not a chance." "Fat chance."は「見込みが薄い」の意味です。

ex.
I don't stand a chance of winning the lottery.
宝くじは当たりそうにないな。

I mean it! ③⁴³

= I'm serious.
本気だよ

こちらの言葉を相手がまじめに取り合っていないときに本気で言っているのだと伝える表現。"I'm not kidding."「冗談を言ってるわけじゃない」、"I'm telling you the truth."「本当のことを言ってるんだ」と同じです。怒りを込めて言うときもあります。

ex. **I think you're the best person for this job. I mean it. You're a good leader and you are creative.**
あなたはこの仕事に最適だと思う。本気で言ってるんだよ。優れたリーダーでクリエイティブな人だから。

Don't touch me! I mean it! 触らないで！ 本気よ！

I've had it! ③⁴⁴

= I can't endure any more of this.
もうたくさん

堪忍袋の緒が切れて「もうたくさん、これ以上は続けたくない、考えるのも嫌」というときの表現。首に片手を水平に当てて "I've had it up to here." 「我慢もここまで来た、もう限界だ」と言うこともあります。何かが壊れてもう使えないというときにも使います。

ex. **A: We've been waiting in line for 40 minutes.**
列に並んでから40分たつよ。

B: I've had it! Let's come another time.
もう限界だ！ また今度来よう。

Chapter 6 けなす　文句を言う

It sounds fishy to me. ③㊺

= I have doubts about it.
疑わしいな

"fishy"は「魚のような、魚くさい、疑わしい」という意味の形容詞です。表現の由来は、魚から嫌なにおいがするときは食べないほうがよさそうだから、または、釣り師が釣った魚の大きさを自慢し合うことからなど、諸説あります。ともかく、直感で何かおかしいと思ったときに使います。誰かが自分はピカソ本人と会って昼食をともにしたと言ったら例文のように言うでしょう。

ex. Well, it sounds fishy to me.
なんだか眉唾物だな。

It's catch as catch can. ③㊻

= There is no perfect plan or method.
行き当たりばったりだね

レスリングの選手が何とかして対戦相手をつかまえようとするように、具体的なプランもないまま間に合わせの方法を利用しなければならない状況を考えてください。すぐに解決策を考え出したり、即興でスピーチをしなければならないときなどに使う表現です。

ex. A: When do you eat lunch? いつ昼食を食べるの？

B: It's catch as catch can. Some days I eat before noon, and other days I don't eat until mid-afternoon.
行き当たりばったりね。正午前の日もあれば、午後の中頃まで食べない日もある。

It's Greek to me. 347

= I don't understand at all.
わけがわからない

シェイクスピアの『ジュリアス・シーザー』でキケロが立ち聞きされないようにギリシャ語でしゃべっていたことから生まれた表現で、理解できない事柄や専門用語を指す表現として普及しました。

ex. **A: Do you understand the politician's stance?**
あの政治家の立場、わかる？

B: It's Greek to me. How can he promise to reduce taxes and increase spending at the same time?
さっぱりだね。減税しながら支出を増やすって、そんな公約どうやったらできるんだろう？

It takes all types. 348

= Everybody is different.
人それぞれだ

世の中にはいろいろな人がいます。1548年の英国国教会の祈禱書(きとう)Book of Common Prayerが由来と思われるこの表現は、自分には変に思えても人には好きなことをする権利があるという意味です。

ex. **A: Terry wears outrageous clothes, dyes her hair a different color every week, and has a pierced nose and eyebrow.**
テリーはひどい服だな。毎週髪の色は違うし、鼻にも眉毛にもピアスして。

B: It takes all types. But she does have a great sense of humor.
人の好みはそれぞれだよ。でも彼女はユーモアのセンスが抜群だ。

Chapter 6 けなす 文句を言う

Join the club! ㉞⁹

= We're both in the same situation.
❶お互いさま ❷同じだね

①は同じ経験をしている人への共感を表す表現。通常、好ましくない経験に使います。②のように何かについて同じように考えた人に使う場合もあります。"join the group"「仲間に入って」という表現同様、フレンドリーで共感を示すニュアンスがあります。

ex.
A: I just don't understand why young people play online games.
若い子たちがなぜネットゲームをやるのかわからない。

B: Join the club.
私も同じくだよ。

Just you wait. ㉟⁰

= ❶You'll soon see the truth. ❷You'll get the punishment you deserve!
❶そのうちわかるさ ❷今に見てろ！

①は「今はわからないかもしれないが、いつか私が言っていたことが本当だとわかるだろう」の意味。自分が言っていることは間違いないと強調する表現ですが、特に感情的な思いは込められていません。②は、たとえば誰かの噂話を流している相手などに「今に報いを受けるだろう」という意味で使います。

ex.
Just you wait. The weather forecast says the odds of rain are 80% by 5:00 p.m.
(一日中晴れだと言う相手に) そのうちわかるよ。天気予報では午後5時までの降水確率は80%だと言ってたから。

Knock it off! (351)

= Stop that!
やめて！／黙れ！

何かをやめさせるためのきつい命令表現で、家族や友達の間で使います。騒がしい人、失礼な言葉を使った人、何かの邪魔をした人などに使います。電話中に周りに大声でしゃべっている人がいたら、手で受話器を覆って例文のように言うでしょう。"Cut it out!"も同じ意味で、同じくらい強い感情が込められた表現です。

ex. Knock it off! Can't you see I'm on the phone?
静かにしてよ！　電話中なのがわからないの？

Leave well enough alone. (352)

= Don't change the situation.
よけいなことはするな

前より状況を悪化させてはいけないので状況を変えないようにしようという表現です。今のままで無難な状況なら、下手に変えるより現状を維持したほうが賢明だという意味です。"Let sleeping dogs lie."（直訳＝眠っている犬を起こすな）とも言います。

ex. A: Tom's still at his desk. Should we invite him to go for pizza?
トムがまだ机に向かってる。ピザを食べに行かないか誘う？

B: Leave well enough alone. He's preparing for a big test.
よけいなことはしないほうがいい。大事な試験の準備中だから。

Chapter 6 けなす 文句を言う

Let's hear it. 353

= Go ahead and tell the bad news.
聞こうじゃないか

相手が話そうとしていることを聞く準備があることを示すために使います。通常は悪い知らせ、あるいは自分の考えとは異なる主張、相手が何かを注意しようとしていることを予期したときに使う表現です。"Let's hear it for 人／物." は「～に拍手を送ろう」の意味になります。

ex. A: I'm afraid I have some bad news for you.
ちょっと悪い知らせがあるんだけど。

B: Let's hear it.
聞くよ。

Look who's talking! 354

= You're guilty of that, too!
よく言うよ！

今ではそれほど使わなくなったことわざ "The pot is calling the kettle black." 「自分のことを棚に上げる（直訳＝鍋がやかんのことを黒いと言う）」と同じ意味です。誰かを批判している人が相手と同じようなことをしていて、人のことを言える立場ではないときに使います。

ex. A: Your desk is really a mess. Why don't you get organized?
机がほんと散らかってるね。整理整頓したら？

B: Me? Look who's talking!
僕のこと？ よく言うよ！

Make up your mind. (355)

= Decide!
決めて！

"make up one's mind"は「決断を下す」という意味。決断を下せない相手に対して決断や結論を出すよう促す表現です。通常はイライラしているときに使うため、フレンドリーに促すというより命令のニュアンスを持ちます。

ex. A: I don't know whether I should wear a jacket or not.
ジャケットを着ていくべきかな。

B: Hurry and make up your mind, or we will miss the train!
早く決めてよ。じゃないと電車に遅れちゃう！

Mind your own business. (356)

= Stay out of this.
よけいなお世話だ

行動や私生活に口出しする人にやめろと言ったり、相手の関心や心配が迷惑だと示したりするのに使う表現です。"business"とは「私的な問題」のこと。"It's none of your business."も同じ意味。"Leave me alone."のようにぴしゃりと拒絶するニュアンスがあります。

ex. A: Why don't you just forgive her?
なぜ彼女を許してあげないの？

B: Mind your own business, will you? You have no right to interfere in this relationship.
関係ないだろ？　僕らの関係に口出しする権利は君にはない。

Chapter 6　けなす　文句を言う

Never mind. 357

= Don't worry.
❶心配いらない　❷気にしないで

①は残念なことが起きて心配したり動転したりしている人を安心させるのに使う表現。通常、悲惨な状況には使いません。②はちょっとした頼み事をして、それに応えられなかった相手に使います。

ex. A: Oh, no! I just missed the subway.　大変！　地下鉄に乗り遅れた。

B: Never mind.　Another one will come in four minutes.
心配いらないよ。4分もしたら次の電車が来るから。

Never mind.　I'll ask someone else.
気にしないで。ほかの人に聞いてみるから。

No ifs, ands or buts. 358

= Do as you are told.
言い訳無用

ややきつめに聞こえるこの表現は「この状況に対する質問や不満は受けつけない。言われたとおりにやれ」という意味。"No excuses." 「言い訳はなし」と同じことです。言うことを聞かない子どもに母親が言ったり、仕事をさぼろうとする部下に上司が言ったりしますが、法律や政府の公示、自分の命令が守られなければ不満を抱くような、この場にいない人について使うことが多いです。

ex. **The law says you can't smoke here.　No ifs, ands or buts.**
法律により、ここは禁煙です。一切の例外は認めません。

No kidding. 359

= ❶ Really? ❷ Everyone knows that.
❶ 本当？ ❷ みんなとっくに知ってるよ

"kid"は「からかう、冗談を言う」という意味の動詞。"Are you kidding?"「嘘でしょ？」と言えば、驚きとともに相手がからかっているのかジョークを言っているのかを確認する表現になります。例文は単なる驚き。②の意味で皮肉っぽく使うこともあります。

ex. A: I've started studying Chinese.
中国語を習い始めたんだ。

B: No kidding. What prompted you to do that?
嘘でしょ。どうして？

No way (, Jose)! 360

= Definitely no / not.
まさか！／すごい！

何かを強く否定する表現。望まないことを提案、要求されたときに使います。「すごい！」とポジティブな意味で使うときもあります。スペイン人男性に多い名前"Jose"は「ホセィ」と発音し、"way"と韻を踏むために続けて言うこともあります。

ex. A: Do you want to work Saturdays and Sundays too?
土日も働きたい？

B: No way, Jose! A five-day work week is more than enough!
まさか！　週5日だけで十分だよ！

Chapter 6 けなす 文句を言う

Not for my money. 361

= I don't think so.
そうかな

「あることが事実かどうか、起こる可能性があるかどうか、お金を賭ける気はない」という意味が由来だと思われますが、今ではお金には関係なく、「相手はそう思っているかもしれないが自分は同意できない」という意味で使います。"Not in my book." と同じです。

ex.
A: Do you think Frank would make a good committee president?
フランクはいい委員長になると思う?

B: Not for my money. He doesn't listen to other people's opinions enough.
どうかな。彼は人の話を聞かないからね。

Not in a thousand years. 362

= Absolutely not.
ありえない

誰かが絶対にしそうにないこと、絶対に起こりそうにないことを強調する表現です。

ex.
A: Are you going to apologize to Austin?
オースティンに謝るつもり?

B: Not in a thousand years! He's the one who should apologize!
ありえない! 謝るとしたら彼のほうよ!

A: Think your brother will ever get married?
お兄さんは結婚しそう?

B: Not in a thousand years. ありえない。

Not in my book.

= **I disagree.**
賛成できないな

"in my book" とは "in my opinion"「私の意見では」、"according to my beliefs"「私の所感によれば」の意味。否定形をつけた "not in my book" で個人的な意見や道徳的信条などへの不賛成を表します。

ex. **A: Is Seattle a good place to live?**
シアトルは住みやすい街？

B: Not in my book. The people are great, but it's always cloudy and rainy.
いいとは言えない。人は最高だけどいつも曇り空で雨が降ってる。

Not on your life!

= **Certainly not!**
絶対ダメ！

提案や要求、アドバイスを強く拒否する言い回しです。"Nothing doing!" ほど強くはなく、相手の感情を傷つける可能性は低いです。バンジージャンプを勧められたときに使うような表現です。

ex. **A: Shall we have dinner in Ginza on Saturday night?**
土曜の夜に銀座で食事しない？

B: Not on your life! I can't afford those high prices!
ありえない！　そんな高いお金出せないよ。

Chapter 6　けなす　文句を言う

Over my dead body! ⓷⑥⑤

= **Absolutely not!**
絶対にダメ！

何かを強く否定するのに効果的な表現。絶対に阻止しようとするニュアンスがあります。女優を目指して高校を中退するという娘を持つ父親なら "Over my dead body! You have to finish high school first!"「私の目の黒いうちは許さん！ 卒業が先だ！」と言うでしょう。

ex.
A: Let's save money by staying home during the vacation.
休暇の間はうちにいて貯金しようよ。

B: Over my dead body! I need a break from the city.
そんなの絶対ダメ！　街から離れて息抜きが必要だよ。

Picky, picky, picky. ⓷⑥⑥

= **You are really hard to please.**
好みがうるさいな

"picky" は「好みがうるさい、気難しい」の意味。特に食べ物や服の好みについて使いますが、人に対する好みについても使います。"picky" は2、3回繰り返す場合、いずれも、相手がうるさくえり好みにすることにうんざりしているようにゆっくり言います。相手の意見に同意することを皮肉っぽく言い表すこともあります。

ex.
A: How about this restaurant?　このレストランはどう？

B: The lights are too bright and I don't like the red tablecloths.
照明は明るすぎるし、赤いテーブルクロスも気に食わない。

A: Picky, picky, picky.　ほんとに好みがうるさいな。

Serves you right.

= You deserve what happened.
自業自得だよ

"You get what you deserve." 「自業自得(直訳=当然の報いを受ける)」と同じ意味。通常、ネガティブな意味で使います。その報いは状況にふさわしい、不満をもらす権利はないというニュアンスです。

ex.
A: Jamie is furious at me.
ジェイミーが僕にすごく怒ってる。

B: Serves you right. You shouldn't talk about people behind their backs.
自業自得だよ。人の陰口はたたくもんじゃない。

Since when?

= When did this start?
❶いつから？　❷聞いてないよ

①は、何かが起きたのはいつか、その状況になってどのくらいたつかを聞く質問。②は、正しいと思っていたことが違っていたり、初めて何かを聞かされたりした際の驚き、怒りを表します。

ex.
A: I heard you'll be taking on the administrative duties as well.
これから事務もやるんだってね。

B: Since when? I didn't hear about any changes in my job description.
そんな話聞いてない。私の職務内容が変わるなんて聞いてないよ。

Chapter 6 けなす 文句を言う

So much for that. 369

= That's the end of that.
その辺にしておこう

　求人に応募したのに断られたとか、取り組んでいた計画が上司に却下されたとか、お気に入りのワイングラスを割ってしまったときなどに失望とあきらめを言い表す言い回しです。これ以上打つ手はない、現実を受け入れようとため息混じりに言う表現です。

ex. **A: I just heard we won't get a raise this year.**
　　今年は昇給なしだって。

　　B: So much for that. I won't be able to buy a car this year either.
　　その話はその辺にしておこう。今年は車も買えないし。

So what? 370

= What's the problem?
それがどうした

　"So what is the problem?"「それで何か問題でも？」を縮めた言い回し。"What about it?" "Who cares?" "Whatever."も同じです。どうでもいいこと、関心のなさを表し、ネガティブな意味で使います。

ex. **A: I heard that Jen is going to break up with Dave.**
　　ジェンがデイヴと別れるって。

　　B: So what? We don't have any right to interfere in people's relationships.
　　だから何よ。人のことに口出しする権利はないわ。

Sorry you asked?

= Sorry you know the answer now?
聞かないほうがよかった？

相手の質問に対してがっかりさせるような情報や知らせを教えなければならなくなり、答えた後につけ加える表現です。"(Are you) sorry you asked?"「質問したことを後悔してる？」の意味。

ex. **A: Can we finish this job by 5:00?**
私たち、5時までにはこの仕事終えられるかな？

B: We'll be here until at least 8:00. Sorry you asked?
少なくとも8時まではここを離れられないよ。聞かないほうがよかった？

Tell me about it!

= I know all about that.
よくわかるよ

文字どおりに取れば、もっと聞かせてと言っているように思えるかもしれません。実際は、誰かが言ったことに対して同じ体験をしているので同意、共感できるという表現です。それ以上詳しく言う必要はない、あるいは、よくわかるからもっと話して、と両方のニュアンスがあり、通常、あまり好ましくないことに使います。

ex. **A: I hate growing old. All you do is lose hair and vitality.**
年を取るのは嫌だな。髪も気力も減る一方だ。

B: Tell me about it.
よくわかるよ。

Chapter 6 けなす 文句を言う

That burns me up! 373

= I've had enough!
頭に来る！

怒りの熱でカッカしているくらいとても怒っているという意味で、"burns 〜 up"「怒りで〜を焼き尽くす、〜をカンカンに怒らせる」という言い回しです。"That"には"This"のほか、怒りの原因となっている人の名前や物を入れることができます。

ex. A: Did you hear that Casey won the prize for coming up with that idea?
ケイシーがあの案を思いついたことで表彰されたんだって？

B: That burns me up! He stole my idea and got credit for it!
頭に来る！　彼は私のアイデアを盗んで手柄にしたのよ！

That does it. 374

= ❶That completes it. ❷I can't take any more.
❶できた　❷もうたくさん

①は何かを達成したとき、何かを仕上げるのに必要な最後の工程をやり終えたときに使います。"It's finished." "That finishes it."と同じ意味。②は堪忍袋の緒が切れたときに使い、怒りやフラストレーションを表します。"I've had enough!"と同じです。

ex. That does it! This is the last piece of the puzzle.
できた！　これが最後のパズルのピースだ。

That does it! We can't wait any longer for the bus to come.
もうたくさん！　これ以上バスを待てない。

That'll be the day. (375)

= That's unlikely to happen.
ありえない

絶対に起こらないと思うようなことを聞かされたときに皮肉っぽく言う表現です。略さずに言えば、"If that actually happens, that will be an amazing day!"「実際にそんなことが起きたら驚きの一日になる！」。ありえないけど起きたらいいと思うことにも使います。

ex. **A: I think we can get a raise if we make an appeal it to our manager.**
部長にアピールしたら給料が上がると思うな。

B: That'll be the day! Our pay hasn't changed in years.
ありえないね！　何年も据え置きなんだから。

That's iffy. (376)

= That's doubtful.
それはどうだろう

状況、提案、情報、条件が不確かなとき、品質や合法性が疑わしいときに使う口語表現です。合法性を表す例では、"Given the politician's iffy record, I think he won't win the election."「経歴が怪しいから、あの政治家は選挙に負けるんじゃないかな」などのように使います。

ex. **A: Will Brad recover from surgery?**
ブラッドは手術してよくなるかな？

B: That's iffy.
それはどうだろう。

Chapter 6 けなす 文句を言う

That's par for the course. 377

= That's to be expected.
よくあることさ

ゴルフコースの「パー、規定打数」から生まれた表現で、"par"は「予想どおりのこと、典型、平均、よくあること」を意味します。今回の表現は、想定の範囲内の出来事や結果、課題について使います。予測できるため、状況へのフラストレーションもそれほどないというニュアンスです。

ex. A: Stock prices fell again yesterday. 株価が昨日もまた下落したね。

B: That's par for the course. The economy has its cycles of ups and downs.
今に始まったことじゃない。景気には波があるから。

That's the last straw! 378

= That's the limit!
もうたくさんだ！

"The straw that broke the camel's back." 「ラクダの背中を折るのは（最後の）わら1本」ということわざが由来です。"last straw" 「最後のわら」は忍耐やスタミナの限界を表します。

ex. A: Can you show me how to use this program?
このプログラムの使い方を教えてくれる？

B: That's the last straw! I've shown you four or five times already! Learn to do it yourself.
もうたくさんだ！　もう4、5回は教えたじゃないか！　自分で覚えろよ。

That's tough. 379

= I don't have much sympathy.
それはおあいにくさま

同情しているような表現ですが意味は逆。"Tough luck!" と同じく、人のトラブルに同情できないことを皮肉っぽく伝える表現で、現実を受け入れろと相手に伝えるときに使います。現実を受け入れるように励ますニュアンスで言うときもあります。

ex. **A: I have three reports to finish by Monday.**
月曜までに3つのレポートを仕上げないと。

B: Oh, that's tough. That's what happens when you procrastinate.
それはおあいにくさま。君がぐずぐずしてたせいさ。

They're a dime a dozen. 380

= They are readily available.
そんなの普通だよ

"dime" はアメリカで使われる10セントコインのこと。20世紀初頭頃、10セントはコーヒー1杯分の値段でしたが、インフレで価値が下がりました。今では "a dime (for) a dozen" は「誰でも買える安いもの、ほとんど価値がないもの」を意味します。

ex. **A: When I was young, a college graduate could always find a good job.**
パパが若い頃は大学出だといつもいい仕事が見つかったものだ。

B: Dad, nowadays, college graduates are a dime a dozen.
パパ、今は大学出なんて普通だよ。

Chapter 6　けなす　文句を言う

381. To each his own.

= **People have different tastes.**
人それぞれだ

食べ物から洋服、音楽の趣味まで好みは人それぞれです。たとえば誰かがぎょっとするような格好をしていて理解できなかったとしても、人には自分の好きなことを選ぶ権利がある、という表現。人の好みや選択は尊重するべきだという意味です。"To each her own." と言い換えることもできます。

ex. **A: I can't understand why he likes old music from the 1950s.**
彼がどうして1950年代のオールディーズが好きなのか理解できない。

B: To each his own.　好みは人それぞれさ。

382. Well, I never.

= **I'm really surprised.**
まさか

何かに驚いたときの表現。略さずに言えば、"I never heard of such a thing."「そんなこと、初めて聞いた」、"I was never aware of that."「そんなこと、考えたこともなかった」となります。

ex. **A: That actor is actually thirty years old.**
あの俳優、30歳だって。

B: Well, I never! He looks so young I thought he was still in high school.
えっ、嘘！　すごく若く見えるからまだ高校生だと思ってた。

Well, what do you know? 〔383〕

= What a surprise!
驚いたなあ！

相手がなぜそれを知っているのかを聞いているわけではなく、思いがけないことを聞いた驚きを表す表現です。2つ目の例文のように皮肉っぽく使うこともあります。

ex. Well, what do you know? I didn't know he was planning to move to the U.S. to study for a year.
驚いたな。彼が1年間アメリカに留学することを計画していたなんて知らなかった。

Well, what do you know? Taxes are going to be raised again.
驚いたな。また増税するんだって。

What do you expect? 〔384〕

= It's natural.
当たり前でしょ

「ほかに何を期待するというの？ 当たり前でしょ。当然じゃないか」という意味です。「期待するほうが無理だ」というニュアンスがあります。

ex. A: I knew Katy well but she didn't remember me at all.
僕はケイティのことをよく知ってるのに全然覚えてくれてなかったよ。

B: What do you expect? She is beyond your reach.
そりゃ当然だよ。彼女は高嶺の花だ。

Chapter 6 けなす 文句を言う

What else is new? 385

= That's the way it always is.
何を今さら

状況や出来事がまったく変わっていない、予想どおりだというときに皮肉っぽく使います。相手に言われたことは目新しいことではない、現状や過去の経験からみれば予測がつくので驚かないというニュアンスです。通常、否定的に使います。

ex. **A:** That sandwich shop across the street is closed again today.
通りの向こうのサンドイッチショップ、今日もまた閉まってる。

B: What else is new? It's been closed for weeks now.
何を今さら。ここのところ何週間も閉まってるよ。

What for? 386

= For what reason? Why?
なんで？

語順を入れ替えると "For what reason?"「どんな理由で？ なぜ」を省略した言い回しだと理解できるでしょう。私生活でも職場でも、親しい間柄で使い、目上の人には使いません。子どもが新しい靴を親にねだるとしたら例文のように言うことができます。

ex. **A:** I need a new pair of shoes.
新しい靴がいる。

B: What for? You haven't worn the ones you bought last month.
なんで？ 先週買った靴もまだはいてないでしょ。

What the dickens?

= What is this?
なんてこった！

"Dickens"は悪魔の婉曲表現。「悪魔」という意味はなく、怒りや非難を強調するニュアンスを持ちます。イギリス人作家チャールズ・ディケンズとも関係ありません。通常、"What the heck?"「なんてこった！」と同じく、疑問形で使います。

ex. **A: I ate your ice cream by mistake.**
　間違ってあなたのアイスクリーム食べちゃった。

B: What the dickens? I was looking forward to eating it after work!
　何だって？　仕事が終わったら食べるの楽しみにしてたのに！

What's the big idea?

= Why did you do that?
どういうつもり？

誰かが列に割り込んだとか、無断で持ち物を使っているとか、一方的に約束を破ったとか、そんなときに怒りを表す表現です。"big"はつけてもつけなくても構いません。誰かが自分のPCを無断で使っているのを見つけたら例文のように言います。

ex. **A: I needed to use your laptop.**
　君のラップトップコンピューターを使う必要があって。

B: Hey! What's the big idea? I didn't say you could use it!
　ちょっと！　どういうつもり？　使っていいなんて言ってないよ！

Chapter 6　けなす　文句を言う

What's wrong with you? 389

= What you are doing is not acceptable.
どうかしてるんじゃないの

"What's wrong?"と同じ意味で使うこともありますが、相手の言動への非難を表し、きつめに言うことが多いです。望ましくないこと、認められないこと、不道徳だと思ったことに使い、たとえば友人が二股をかけていると聞いたら例文のように言えるでしょう。

ex. What's wrong with you?　Anna loves you!　Why are you cheating on her?
どうかしているんじゃないの？　アナはあなたのことが大好きなのよ！　どうして彼女を裏切るまねができるの？

What's wrong? 390

= What's the problem?
どうしたの？

"What's wrong with you?"と似ていますが、意味はまったく異なります。"What's wrong?"は相手がトラブルを抱えていることに気づいて、何かあったのかと思いやりや気遣いを示す表現です。

ex. A: Oh, no! わっ、嘘！

B: What's wrong? どうしたの？

A: I left my briefcase on the train!
電車にかばんを忘れてきた！

Who cares? 391

= So what?
知ったことか

重要だと思えないこと、関心がないことには "I don't care." 「どうでもいい」と言いますが、それよりよく使うのが今回の表現です。"No one really cares about the matter, do they?" 「そんなことに誰も関心を持っていないんじゃないの？」という意味です。

ex. **A: That 22-year-old singer has just announced she's getting married!**
あの22歳の歌手、結婚するって発表したぞ！

B: Who cares?
そんなのどうでもいいよ。

Wishful thinking. 392

= That's not realistic.
希望的観測だな

現実味のないお気楽な事柄に対する願望や、根拠や合理性をわきまえずに理想や夢想によって下された決断について使います。もっと現実を見て合理的に考えたほうがいいという警告として使うこともあります。

ex. **A: With this plan, they say we can double income in one year!**
この計画を実行すれば、1年で収入が2倍になるって！

B: Wishful thinking. What planet are they from?
希望的観測だな。彼ら、いったいどこの星から来たんだ。

Chapter 6 けなす 文句を言う

You asked for it. 393

= You deserve it.
自業自得だ

「自業自得」の意味。例文は、残業しなければならなくなって不満をもらす同僚を批判するニュアンスがあります。また、バカだなあというニュアンスで、たとえばレストランでフルコースを注文し、全部食べられないと文句を言う友達に使うような表現です。

ex. You asked for it. You fooled around this afternoon when you should have been working.
自業自得だよ。仕事をしてなきゃいけない今日の午後にさぼっていたからだよ。

You can't fight city hall. 394

= Bureaucracies always win.
長い物には巻かれろ

アメリカの"city hall"は市役所のこと。有力な政党が市役所を牛耳って何でも決めていた19世紀に起源をさかのぼる表現です。現在では問題の大小を問わず、お上には逆らえないという意味で使います。

ex. A: I just received a notice that they're going to put a garbage collection site right in front of my house. I'm going to protest!
うちの目の前をゴミ収集場にするってお知らせが来た。抗議する!

B: It's a waste of energy. You can't fight city hall.
時間の無駄だよ。お上には逆らえない。

You never know. (395)

= It's hard to predict.
どうだろう

わからないこと、予測できないことに対して使います。実現するかどうか予測できないことにも使います。"you"は特定の相手を指しているわけではなく、「世間一般の人」を指します。

ex.
A: I wonder if Jamie will agree with our proposal.
ジェイミーは私たちの提案に賛成してくれるかな。

B: You never know.
どうだろう。

You wish. (396)

= That's not realistic.
ありえないね

"wish"「願う」は起こり得る可能性がないような願望を表す動詞です。"You wish."は、相手の願望がはかない夢だと指摘するときに使います。辛辣な意見としてとられるおそれがあるので、親しい間柄だけで使うほうが無難です。

ex.
A: I'm sure my lottery ticket is a winner!
宝くじ、きっと当たってるはず！

B: You wish! You and five million other people think the same thing.
ありえないね！ 君と同じことを500万人が思ってるよ。

Chapter 6　けなす　文句を言う

You're out of your mind! ③⑨⑦

= You're acting crazy.
気は確か？

　愚かな言動をしているように思える相手を非難する表現です。相手が本当にクレイジーだと思っているわけではなく、分別が感じられないので正気ではないと思ったときに使います。"You've got to be out of your mind." "Are you out of your mind?" も同じ意味です。

ex. **You are out of your mind! This is a terrible time to give up a good job like you have now!**
気は確かなの？　こんなに（景気が悪い）大変なご時勢に今のいい仕事を辞めるなんて！

You're playing with fire. ③⑨⑧

= What you are doing is risky.
ヤバいって

　火遊びをしたらやけどをしたり周りに燃え移ったりする危険性があります。この表現は、相手が後で重大な問題を引き起こしそうな危険なことをしているときに警告し、やめさせる言い回しです。

ex. **A: You shouldn't borrow money from those loan sharks. You know you're playing with fire.**
悪徳金融からお金を借りないほうがいいって。ヤバいことになるぞ。

B: I know. I'll pay them back as soon as I can.
わかってるって。できるだけすぐに返済するから。

You're telling me. ⑨

= Do you think I don't know that?
よくわかるよ

「私が知らなかったことを言っていると思っているの？」という意味。つまり、「あなたが言っていることはあなた以上によく知っている」、「みなまで言うな」というニュアンスです。

ex. **A: Loading these boxes is really hard work.**
この箱を積むの、ほんとに大変だな。

B: You're telling me. I've been doing this since last week. My shoulders and back are stiff as boards.
わかるよ。先週からずっとやってるから。肩と背中がガチガチだ。

You've got another think coming. ⓵

= You'd better think again.
考え直したほうがいいよ

この場合の"think"は名詞で、省略せずにいえば、"If that is what you think, then you have another think coming."（直訳＝それがあなたの考えていることなら、別の考えが来るのを待つほうがいい）。「現実を見て考え直したほうがいい」という意味です。

ex. **A: Dad will let us go to the concert, won't he?**
パパはコンサートに行かせてくれると思う？

B: You've got another think coming. He never lets us go out on school nights.
考え直したほうがいいよ。パパは学校がある日には外出させてくれないじゃない。

〔著者紹介〕
James M. Vardaman, Jr.(ジェームス・M・バーダマン)
1947年、アメリカ、テネシー州生まれ。ハワイ大学アジア研究専攻、修士。早稲田大学教授。著書に『オバマ勝利の演説』『アメリカの小学1年生の授業中継』『日本人がかならず間違える英語』『海外旅行 3秒で話す英会話』(以上、中経出版)、『アメリカの小学生が学ぶ歴史教科書』(ジャパンブック)、『アメリカ南部』(講談社現代新書)、『黒人差別とアメリカ公民権運動』(集英社新書)など多数。

〔訳者紹介〕
長尾 実佐子(ながお みさこ)
翻訳者。おもに雑誌記事の翻訳に従事するかたわら、英語学習書、ビジネス書、自己啓発書等の編集者としても活動中。著書に『魔法の口ぐせ ビジネス英語』(共著 明日香出版社)、訳書に『アメリカの小学1年生の授業中継』『日本人がかならず間違える英語』『海外旅行 3秒で話す英会話』(以上、中経出版)がある。

本書の内容に関するお問い合わせ先
中経出版編集部　03(3262)2124

中経の文庫

日本人が知らない
ネイティブがよく使う英会話フレーズ400

2012年9月3日　第1刷発行

著　者　ジェームス・M・バーダマン

発行者　川金　正法

発行所　㈱中経出版
〒102-0083
東京都千代田区麹町3の2　相互麹町第一ビル
電話 03(3262)0371(営業代表)
　　 03(3262)2124(編集代表)
FAX03(3262)6855　振替　00110-7-86836
http://www.chukei.co.jp/

DTP／マッドハウス　印刷・製本／図書印刷

乱丁本・落丁本はお取替え致します。

©2012 James M. Vardaman, Jr., Printed in Japan.
ISBN978-4-8061-4473-1　C0182